ALLT OM NVIVO 9

Organisera allt ditt kvalitativa material

Av Bengt M. Edhlund

FORM & KUNSKAP AB
INFORMATIONSTEKNOLOGI

FORM & KUNSKAP AB • BOX 4 • 645 06 STALLARHOLMEN • TEL 0152-201 80
SALES@FORMKUNSKAP.SE • WWW.FORMKUNSKAP.SE

NVIVO 9

NVivo 7 som lanserades i början av 2006 innebar en omfattande omarbetning av de tidigare programvarorna NUD*IST 6 och NVivo 2 för arbete med kvalitativ analys. QSR International Pte Ltd., som utvecklar och marknadsför NVivo har i samband med denna omarbetning ingått ett närmare samarbete med Microsoft vilket gör att både utvecklingsresurser, principer och användarprocedurer tagit stort intryck av Microsofts gällande regler för grafisk representation, användarlogik och språkbruk.

Två år senare lanserades NVivo 8 som är en utveckling mot allt större krav på funktionsinnehåll och stabilitet. Man kan nu, förutom vanliga textdokument, bl a hantera audio- video- och bildmaterial i analyserna.

Nu föreligger NVivo 9 som fortsatt att utvecklas och innehåller avancerade verktyg för textanalys och teamwork samt en rad hjälpmedel för grafisk presentation av pågående och fullföljda forskningsprojekt. NVivo 9 Server är en separat produktmodul som möjliggör arbete i ett lokalt nätverk där teammedlemmarna kan arbeta samtidigt i samma material. Server-modulen kommer att beskrivas i separat dokumentation. Allt som beskrivs i denna bok gäller de användarprocedurer som även används i en nätverkslösning.

INNEHÅLL

1. INLEDNING

Denna bok är avsedd för alla som arbetar med kvalitativa studier och börjar inse att mängden papper, kopior och diverse dokument blir oöverskådligt. NVivo kommer att hjälpa forskaren att organisera sin information på ett professionellt sätt så att denne kan återfinna de olika informationselementen snabbt och enkelt då de behövs.

Vare sig man tillämpar Grounded Theory eller arbetar med fenomenologi, etnologi, diskursanalys, attitydundersökningar, organisationsstudier eller allmänt med intervjuundersökningar eller en blandning av olika metoder kommer man snart att inse styrkan i att bringa ordning och struktur i ett stort material. Det blir lättare och effektivare att verifiera teorier och under arbetets gång framställs bättre diskussionsunderlag inom ett forskarlag. Sådana underlag kan med fördel utgöras av models eller flödesscheman, dvs grafisk representation av idéer och samband.

Viktiga byggstenar är källdokument, noder, kodning och frågor. Vi kommer att ge fördjupade förklaringar av dessa begrepp både under den logiska resan genom bokens kapitel men också i den ordlista som återfinns i slutet av boken.

Förenklad bild av ett NVivo-projekt:

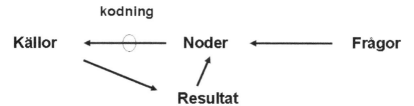

Ett NVivo-projekt är det arbetsmaterial som används i samband med ett visst forskningsuppdrag och som på ett eller annat sätt bearbetas programvarumässigt av NVivo. Projektet utgörs av en och endast en projektfil som inkluderar det digitaliserade materialet och pekare eller länkar till externt källmaterial.

Inom en projektfil har vi valt att använda begreppen objekt och mappar. Mappar fungerar också i stort som mappar i Windows, men NVivo ställer upp vissa regler för hur de hanteras. Vissa typer av mappar tillåts exempelvis icke att ordnas hierarkiskt.

Objekt motsvarar filer i Windowsmiljön och hanteras i de flesta avseenden som sådana. De kan redigeras, kopieras, klippas ut, klistras in, tas bort, flyttas etc, men innesluts i projektfilen. Unikt är att vissa typer av objekt kan ordnas hierarktiskt, nämligen typfall och trädnoder. Objekt och mappar i NVivo kan sägas vara virtuella i relation till Windowsmiljön.

Källor består av dokument, audio-, video- och bildfiler, memos och andra externa objekt. När källor importeras eller länkas till NVivo återges de som objekt i NVivo. Objekt (dokument) kan också skapas direkt i NVivos egen ordbehandlare.

Noteringar eller Memos är också objekt som finns i projektet. Ett memo knyts med länkning till ett visst dokument. De kan också importeras men skapas som regel i NVivo.

Externa objekt finns inne i NVivo men representerar en källa utanför NVivo genom en länk eller en fysisk adress. Själva externa objektet har utrymme för text.

Länkar av olika slag är viktiga element i ett NVivo-projekt. Länkar kan skapas mellan objekt och till externa källor.

Noder är termer och begrepp som skapas under arbetets gång för att beteckna egenskaper, företeelser eller nyckelord som karaktäriserar källor eller enskilda delar av källor. Noder finns av olika slag: fria, trädnoder, relationer, typfall och matriser.

Kodning är den aktivitet som innebär att ord, meningar, hela stycken, andra grafiska element eller hela objekt associeras med vissa noder. Kodning kan endast ske av objekt som finns inne i projektet. En extern källa kan inte kodas men den text som finns i externa objektet kan kodas.

Frågor skall leda till att projektet kan redovisa vilka delar av projektets källor som innehåller önskad information. En enkel fråga är att öppna en nod. Mera komplicerade frågor kan vara kombinationer av noder som knyts samman med operander. Frågor kan sparas för att kunna återanvändas allteftersom projektet utvecklas.

Resultat av frågor kan också sparas och utgör då nya noder. Frågor kan också ställas i matrisform så att rader av vissa noder och kolumner av vissa noder skapar en tabell där varje cell är resultatet av två noder och en viss operand.

En sammanfattande bild över hur ett projekt kan komma att utvecklas är följande:

NVivo hjälper till att arrangera data så att analys och slutsatser blir säkrare och lättare. Slutmålet kan sägas vara följande:

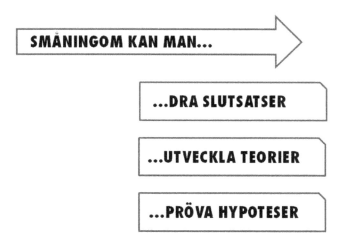

- ◆ -

Boken är uppbyggd så att vi börjar med systemkraven för programvaran, sedan beskriver vi i kapitel 2 hur skärmbilden är uppbyggd och vilka grundinställningar man kan göra för själva programvaran. Därefter berättar vi i kapitel 3 hur man skapar, sparar och säkerhetskopierar projektfilen och vilka speciella inställningar man kan göra för varje projekt.

Därefter följer kapitel 4 - 7 om hur man importerar, skapar och redigerar olika typer av källdokument, i kapitel 8 hur man gör memos och skapar länkar, i kapitel 9 och 10 vad noder och klassifikationer är och hur de skapas. Kapitel 11 handlar om litteraturstudier och kapitel 12 om att hantera frågeformulär i form av Datasets. Kapitel 13 förklarar och går systematiskt igenom själva kodningen och kapitel 14 - 15 handlar om hur man skapar frågor, sparar dem och skapar noder från resultaten av frågorna. Kapitel 16 tar upp viktiga aspekter på arbete i lag, teamwork.

Kapitel 18 och 19 beskriver hur man grafiskt kan åskådliggöra ett projekt med hjälp av Models och andra hjälpmedel, kapitel 20 beskriver rapportrutiner, kapitel 21 hjälpfunktioner och i kapitel 22 finns en ordlista organiserad efter de engelska begreppen (med förslag till svensk översättning) som förekommer i samband med NVivo.

Systemkrav – Minimum

- 1,2 GHz Pentium III-processor (32-bit); 1,4 GHz Pentium 4-processor (64-bit)
- 1 GB RAM
- 1024 x 768 skärmupplösning
- Microsoft Windows XP SP2
- Cirka 1 GB ledigt hårddiskutrymme

Systemkrav – Rekommenderade

- 2 GHz Pentium 4-processor eller snabbare
- 2 GB RAM eller mer
- 1280 x 1024 skärmupplösning eller högre
- Microsoft Windows XP SP 2 eller senare; Microsoft Windows Vista SP 1; Microsoft Windows 7
- Cirka 2 GB ledigt hårddiskutrymme
- Internet-anslutning

Vi rekommenderar att alltid följa de strängaste kraven även om de sägs vara nödvändiga först vid arbete med riktigt stora projekt som består av 5000 dokument eller mer.

2. SKÄRMBILDENS UPPBYGGNAD

Detta avsnitt handlar om arkitekturen för NVivos skärmbild. Uppbyggnaden påminner om Microsofts Outlook.

Bilaga A, sidan 259, ger en översikt av NVivos delfönster. Vi kommer i fortsättningen att använda område **(1)**, område **(2)** osv för att beteckna de delfönster som definieras i Bilaga A. Ett visst arbetsmoment startar vanligtvis genom att i område **(1)** välja en grupp av mappar och sedan gå vidare till område **(2)**, område **(3)** och område **(4)**. Därefter använder man menyflikarna, kortkommandon eller högerklick.

Bilaga C, sidan 263, sammanfattar alla kortkommandon som NVivo använder.

Bilaga D, sidan 267, återger de grafiska konventioner och skrivregler som används i denna bok.

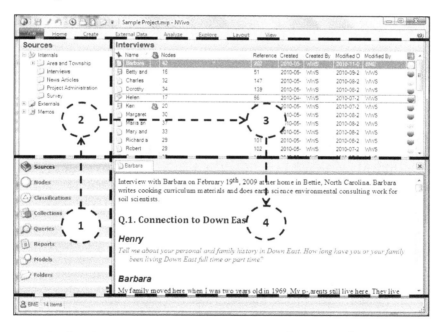

Nedanför dessa områden finns statusfältet (Status Bar) som visar information (beroende på var markören står) om antal objekt i aktiv mapp, antal noder och referenser i aktivt objekt och rad och kolumnpositionen för markören.

Område (1) - Navigeringsknapparna

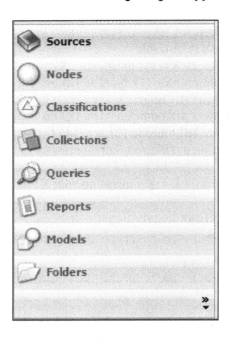

Totalt finns 8 knappar. Längst ner till höger finns >>-symbolen som ger möjlighet att välja vilka knappar som skall visas och i vilken ordning de skall presenteras. Varje knapp visar vissa förutbestämda mappar i område (2) och knappen [**Folders**] visar samtliga mappar.

Skulle någon knapp vara tillfälligt dold kan man alltid gå till huvudmenyn och välja **Home | Workspace | Go** där samtliga navigeringsfunktioner finns. Dessutom visas även motsvarande kortkommandon.

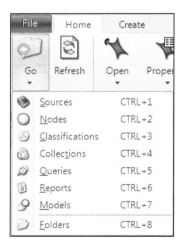

Område (2) – Virtuella utforskaren

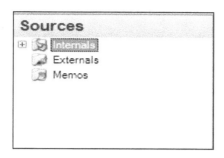

Mappar i NVivo är "virtuella" eftersom de är lagrade i varje projektfil. Emellertid fungerar mapparna i alla avseenden på vanligt Windows-manér. Vissa mappar i roten ingår i projektmallen och kan ej ändras eller tas bort medan övriga skapas av användaren. Se sidan 46 som beskriver hur nya mappar skapas, ändras eller tas bort.

De virtuella sökvägarna till ett objekt kallas Hierarchical Names och skrivs med dubbel backslash mellan de virtuella mapparna och enkel backslash mellan Parent Nodes och Child Nodes.

T ex **Nodes\\Geographic\\County \ Beaufort**

Område (3) – Objektlistan

Internals						
Name	Nodes	References	Created On	Created By	Modified On	Modified By
Giorgi	0	0	2010-10-25 09:38	BME	2010-10-25 10:10	BME
TwoColumns	3	6	2010-10-25 09:56	BME	2010-10-25 10:10	BME
Peter	3	10	2010-10-25 10:10	BME	2010-10-25 10:26	BME

Området påminner mest om en lista med filer, men för att skilja dem från vanliga filer kallar vi dessa i fortsättningen objekt (eng. project items) och listan för objektlistan. Samlingsnamnet för alla objekt i rotmapparna Internals, Externals och Memos är källobjekt. Därför talar vi ofta om *källobjekt, noder* och *andra objekt.* Mappar är också objekt. Symboler för de olika objekten förklaras i Bilaga B, sidan 261.

Under arbetets gång kommer man att revidera objektlistorna genom att nya objekt skapas, gamla tas bort och objekt flyttas. Då kan det i vissa fall bli nödvändigt att uppdatera listan så att önskad sortering upprätthålls.

♦   **Gör så här**
1   Gå till **Home | Workspace | Refresh**
eller kortkommando [**F5**].

Egenskaper - Properties

Alla objekt har vissa egenskaper som kan ändras eller kompletteras närhelst det finns behov.

◆ **Gör så här**
1 Markera det objekt i område **(3)** vars egenskaper du vill ändra eller komplettera.
2 Gå till **Home | Item | Properties**
eller kortkommando **[Ctrl] + [Shift] + [P]**
eller högerklicka och välj **<object type> Properties**.
Dialogrutan **Audio Properties** kan se ut så här:

Allt detta är ändringsbart och texten i både **Name** och **Description** är sökningsbara, se kapitel 14, Att söka efter objekt.

Färgmärka ett objekt

Källobjekt, noder, relationsnoder, attributvärden eller användare kan färgmärkas individuellt. NVivo har sju definierade färger.
Färgmärkningen framgår av objektlistan i område **(3)** och kan även visas i Models och andra visuella hjälpmedel samt för kodlinjer.

◆ **Gör så här**
1 Markera det objekt eller de objekt du vill färgmärka.
2 Gå till **Home | Item | Properties → Color → <välj>**
eller högerklicka och välj **Color → <välj>**

Klassificera ett objekt

Varje källobjekt eller nod kan tilldelas en klassifikation. Se mer om detta i kapitel 10, Om Classifications.

◆ **Gör så här**
1 Markera det objekt eller de objekt du vill klassificera.
2 Gå till **Home | Item | Properties → Classification → <välj>**
eller högerklicka och välj **Classification → <välj>**

Visningsalternativ av objektlista

Standard visningsalternativ är en vanlig lista som visats ovan. Det finns även följande alternativ: Small, Medium och Large Thumbnails.

- ♦ **Gör så här**
  1. Klicka på tom plats i område (**3**).
  2. Gå till **View | List View | List View → <välj>**

Resultatet vid val av *Large Thumbnails* kan se ut så här:

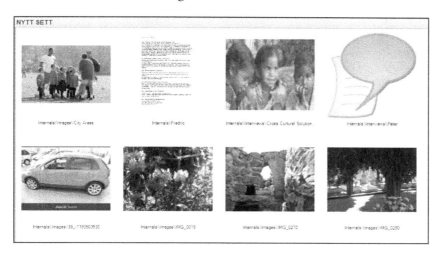

Visa filmruta från ett videoobjekt

Miniatyrer av videoobjekt kan visa den filmruta som man själv väljer.

- ♦ **Gör så här**
  1. Förflytta spelhuvudet fram till den filmruta du vill visa.
  2. Gå till **Media | Selection | Assign Frame as Thumbnail**.

Den valda filmrutan visas som miniatyr i område (**3**) och i visningsläge Video för en nod som kodat detta videoobjekt.

Sorteringsalternativ för objektlista

Det finns flera olika sätt att sortera en lista i område (**3**).

- ♦ **Gör så här**
  1. Klicka på tom plats i område (**3**).
  2. Gå till **Layout | Sort & Filter | Sort by → <välj>**

Det går också att göra en helt egen sortering genom att flytta objekt i listan.

- ♦ **Gör så här**
  1. Markera ett eller flera objekt i listan i område (**3**).
  2. Gå till **Layout | Rows & Columns | Move Up ([Ctrl] + [Shift] + [U]).**

alternativt

  2. Gå till **Layout | Rows & Columns | Move Down ([Ctrl] + [Shift] + [D]).**

Den sortering som då skapas finns lagrad som Custom Sorting och kan vid senare tillfälle åter visas genom att gå till **Layout | Sort & Filter | Sort by → Custom**.

Anpassa kolumnerna i objektlistan

♦ **Gör så här**
1 Klicka på tom plats i område **(3)**.
2 Gå till **View | List View | List View → Customize...**
Dialogrutan **Customize Current View** visas:

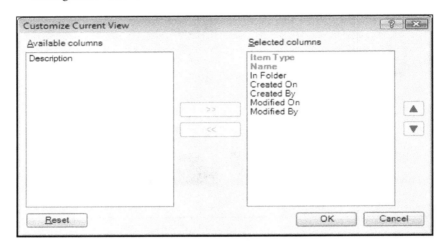

Utskrift av objektlista
Utskrift av objektlistan är ofta en värdefull hjälp under diskussioner i arbetsgruppen.

♦ **Gör så här**
1 Gå till **File → Print → Print List...**
eller högerklicka och välj **Print → Print List...**
2 Välj skrivare och skrivarinställningar, därefter **[OK]**.

Export av objektlista
Export av objektlistan kan ske som text-fil, RTF-format, Excel-format eller som Word-dokument.

♦ **Gör så här**
1 Gå till **External Data | Export | Export → Export List...**
eller högerklicka och välj **Export → Export List...**
2 Välj filnamn, filformat och lagringsplats, därefter **[OK]**.

Område (4) - Detaljerna

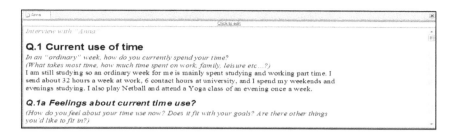

Detta är det öppnade objektet och kan vara ett dokument, ett audio-, video- eller bildobjekt, ett memo eller en nod. Första gången ett objekt öppnas är det alltid skrivsskyddat. Genom att klicka på *Click to edit* blir det skrivbart. Flera objekt i var sitt fönster kan vara öppna samtidigt. Det finns också en möjlighet att frikoppla (undock) område (4) och låta det täcka hela bildskärmen. Ett frikopplat objekt som minimeras återfinns som en programknapp längst ner på skärmbilden.

♦ **Gör så här**

   1   Gå till **View | Workspace | Undock All**.

Samtliga vid detta tillfälle öppna objektfönster kommer att frikopplas. Sen kan man åter docka in ett visst fönster:

♦ **Gör så här**

   1   Välj det frikopplade objektfönstret.

   2   Gå till **View | Workspace | Docked**.

eller om man önskar docka in samtliga öppna objektfönster:

♦ **Gör så här**

   1   Gå till projektfönstret.

   2   Gå till **View | Workspace | Dock All**.

Frikoppling av fönster gäller endast under pågående arbetspass och kan inte sparas eftersom när nästa arbetspass startar är alla objektfönster stängda. Man kan emellertid ställa in **File → Options** och i dialogrutan **Application Options**, fliken **Display**, **Window** välja *Floating*, se sidan 28, så att ett objektfönster alltid öppnas frikopplat.

Man kan stänga ett fönster i vanlig ordning med krysset uppe till höger och man kan stänga samtliga fönster med
View | Workspace | Close All.

Menyflikar - Ribbons

NVivo 9 har introducerat menyflikar eller Ribbons, som ersätter både de gamla menyerna och verktygsfälten.

Eftersom dessa menyflikar tar ganska mycket utrymme i anspråk av bildytan kan det vara bra att de döljs när de inte används. Detta görs genom att klicka på den lilla nedåtpilen vid **Quick Access Toolbar**:

Här kan det vara bra att flytta Quick Access Toolbar ovanför menyraden och samtidigt dölja menyflikarna då de inte används. Välj därför alternativen: *Show Above the Ribbon* och *Minimize the Ribbon*. Menyflikarna visas när man pekar på ett överordnat menyalternativ.

Menyflik **Home**:

Menyflik **Create**:

Menyflik **External Data**:

Menyflik **Analyze**:

Menyflik **Explore**:

Menyflik **Layout**:

Menyflik **View**:

Utöver dessa finns tillfälliga menyflikar beroende på vilket objekt som öppnats.

Menyflik **Media**:

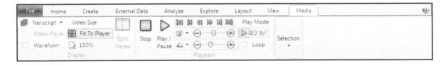

Menyflik **Picture**:

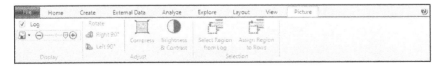

Menyflik **Chart**:

Menyflik **Model**:

Menyflik **Cluster Analysis**:

Menyflik **Tree Map**:

Menyflik **Word Tree**:

Menyflik **Graph**:

Instruktioner i denna bok följer följande syntax för menyflikarna:

Gå till **Model | Shapes | Change Shape** innebär:

- Menyflik **Model**
- Menygrupp **Shapes**
- Menyalternativ **Change Shape**

Alternativ

De flesta av dessa inställningar kommer att ingå i inställningar för projektmallen och **Project Properties** nästa gång ett nytt projekt skapas. Project Properties kan ändras medan man arbetar i ett projekt och får då genomslag direkt.

♦ **Gör så här**
1 Gå till **File → Options**.
Dialogrutan **Application Options** visas, fliken **General**:

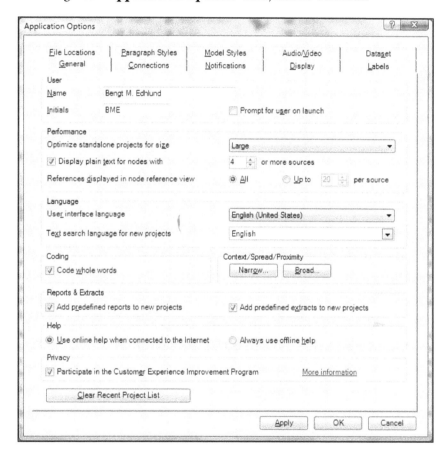

Här kan man ändra aktiv användare (current user) och språk och man bör ställa in **Optimize standalone projects for size** *Large* för att tilldela mera datorresurser för NVivo. Ändringen börjar fungera nästa gång ett projekt öppnas.

Display plain text for nodes with *<värde>* **or more sources** säkerställer också bättre prestanda för stora projekt. *<värde>* bör sättas så lågt som möjligt. Du kan återge en enskild nod med källans typsnitt och alla textattribut genom att gå till **View** | **Detail View** | **Node → Rich Text**.

Dialogrutan **Application Options** visas, fliken **Connections**:

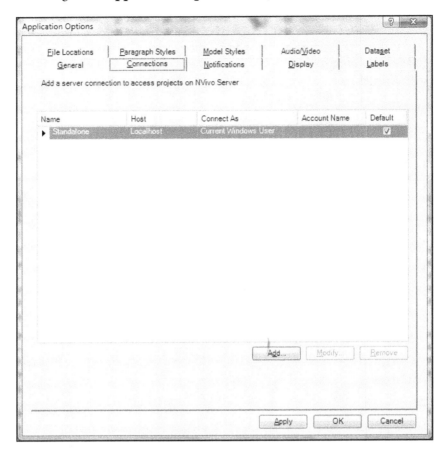

Denna dialogruta är aktuell då man ansluter till NVivo 9 Server.

Dialogrutan **Application Options** visas, fliken **Notifications**:

Vi rekommenderar att sparameddelanden skall ske ofta, var 10 eller var 15 minut, och att man aktiverar **Check for software updates** *Every 7 Days.*

Dialogrutan **Application Options** visas, fliken **Display**:

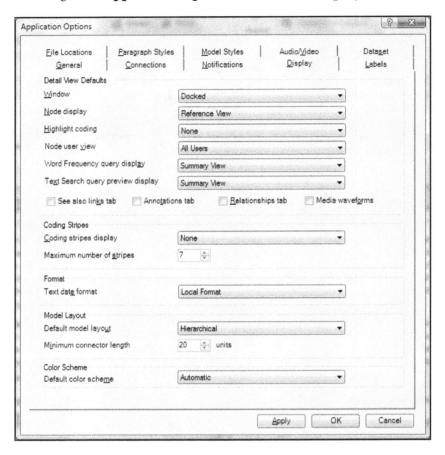

Denna dialogruta är till för att bestämma standardegenskaper för vissa funktioner. Maximum number of stripes kan anges till mellan 7 och 200. Denna inställning sparas direkt och kan användas av andra projekt och nästa gång NVivo startas. Kan tillfälligt ändras för ett enskilt objekt med **View | Coding | Coding Stripes → Number of Stripes**.

Dialogrutan **Application Options** visas, fliken **Labels**:

I denna dialogruta kan man ändra namnen på vissa "etiketter".

Dialogrutan **Application Options** visas, fliken **File Locations**:

I denna dialogruta ändrar man sökvägar till projekten, dokumenten och vid export av dokument och data.

Dialogrutan **Application Options** visas, fliken **Paragraph Styles**:

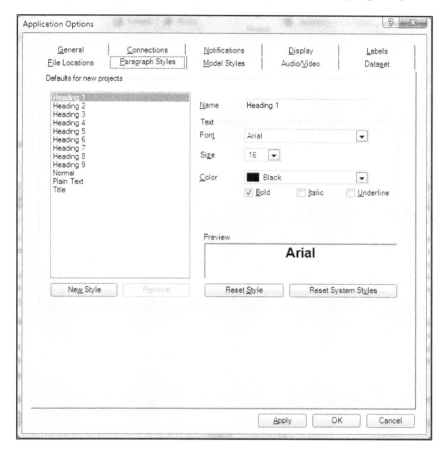

Denna dialogruta gör det möjligt att definiera teckensnitt, storlek, teckenattribut och färg för de givna formatmallarna. Ändringar som görs får genomslag nästa gång ett nytt projekt skapas och återspeglas i **Project Properties**, fliken **Text Styles**, sidan 43, som i sin tur kan ändras för varje enskilt projekt.

Dialogrutan **Application Options** visas, fliken **Model Styles**:

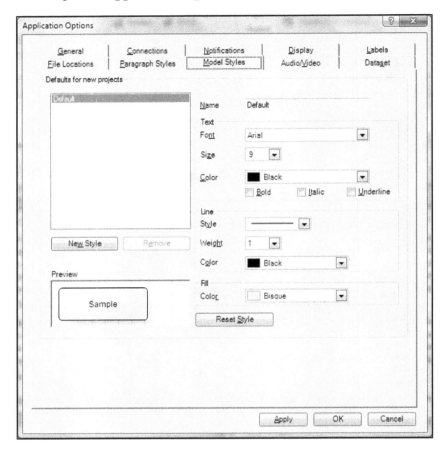

Denna dialogruta gör det möjligt att definiera teckensnitt, linjetjocklek, linjeformat, linjefärg och fyllnadsfärg för figurer i en modell. Det går att skapa och namnge en uppsättning formatmallar. Ändringar som görs får genomslag nästa gång ett nytt projekt skapas och återspeglas i **Project Properties**, fliken **Model Styles**, sidan 44, som i sin tur kan ändras för varje enskilt projekt.

Dialogrutan **Application Options** visas, fliken **Audio/Video**:

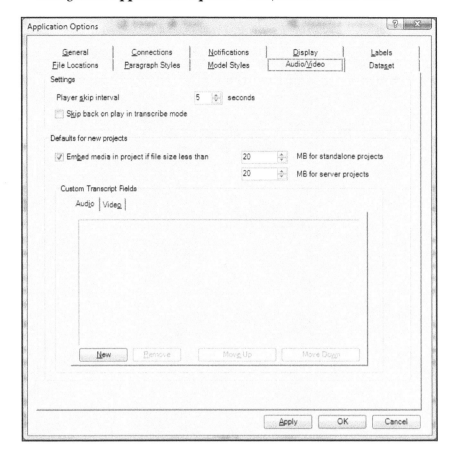

Här kan man ställa in skipintervallet för Skip Forward och Skip Back med omedelbar inverkan på ett öppnat projekt.

Man kan också ange nya fält (eller kolumner) för utskrifter av audio- och videoobjekt. Dessa fält kommer att skapas för alla nya projekt, men ej de redan existerande. För dessa måste man gå till **File → Project Properties**, fliken **Audio/Video**.

Tröskelvärdet för inbäddade audio- och videoobjekt sätts vid: *Embed media in project if file size less than <värde> MB.*

Dialogrutan **Application Options** visas, fliken **Dataset**:

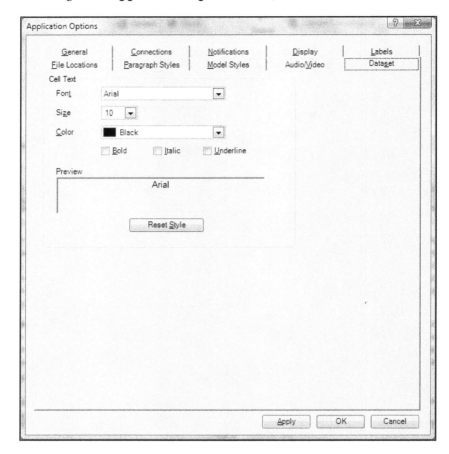

Denna dialogruta gör det möjligt att välja teckensnitt, storlek, attribut och färg på texten i cellerna. Ändringar här får effekt nästa gång ett dataset öppnas.

Övriga skärmbildsinställningar

Som alternativ skärmbild kan man låta område **(3)** och **(4)** dela utrymme vertikalt i stället för horisontellt.

- ♦ **Gör så här**
    1 Gå till **View | Workspace | Detail View → Right**.

Denna inställning är lämplig vid kodning med drag-och-släpp. Inställningen gäller endast under pågående arbetspass och kan inte sparas.

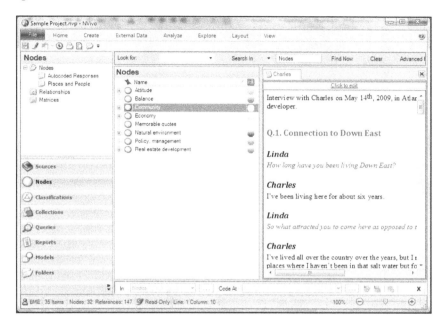

När man vill återställa bildskärmen:

- ♦ **Gör så här**
    1 Gå till **View | Workspace | Detail View → Bottom**.

Denna inställning sparas inte utan är tillbaka till alternativet *Bottom* varje gång ett projekt öppnas eller nästa gång NVivo startas.

- ♦ -

Det går även att tillfälligt stänga område **(1)** och **(2)** för att vid vissa arbeten utnyttja bildskärmen optimalt.

♦   **Gör så här**

1   Gå till **View | Workspace → Navigation View**
    eller kortkommando **[Alt] + [F1]**, som är en pendelfunktion.

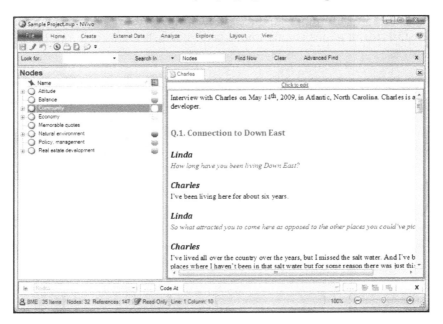

Denna inställning sparas under pågående arbetspass även om man öppnar ett annat projekt. Man kan nå andra mappar genom att gå till **Home | Workspace | Go key →** <välj> eller kortkommandon som **[Ctrl] + [1]** och andra. Varje gång NVivo öppnas är Navigation View återställd.

3. SKAPA ETT PROJEKT

Ett projekt i NVivo är ett samlingsbegrepp för de källobjekt och övriga objekt som ingår i en kvalitativ studie. Ett projekt är också en fil som innesluter alla de objekt som projektet består av.

Man kan bara öppna och arbeta i ett projekt åt gången. Det går emellertid att starta programmet två gånger och öppna ett projekt i vardera programfönstret. Klippa, kopiera och klistra in mellan två sådana programfönster är emellertid begränsat till att omfatta text och bilder således icke hela objekt som dokument eller noder.

Ett projekt består av flera objekt. De är sinsemellan av olika karaktär. Det finns interna källor (dokument, memon), externa källor, noder och det finns frågor av olika slag.

Skapa ett nytt projekt

Startbilden ser ut så här:

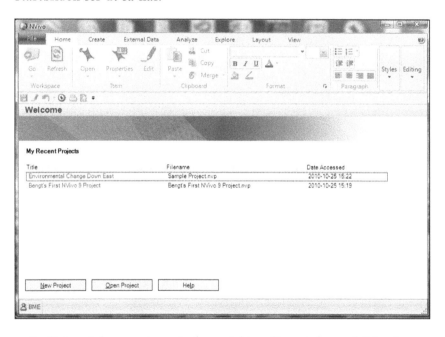

En lista på de senast använda projekten finns i denna bild och med knappen [**New Project**] kan man skapa ett nytt projekt. Alternativt kan man skapa ett nytt projekt när man gått förbi öppningsbilden och är inne i programmet.

◆ **Gör så här**
   1   Gå till **File → New**
       eller kortkommando [**Ctrl**] + [**N**].

Dialogrutan **New Project** visas:

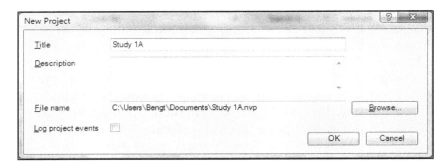

2   Skriv namn (obligatoriskt) och eventuellt beskrivning,
    därefter [**OK**].

Lagringplats bestäms primärt av dialogrutan **Application Options**,
fliken **File Locations**, sidan 30. Vi kan se hela sökvägen i rutan vid
File name och filnamntillägget för projektfiler är .NVP. Projektets
namn kan ändras senare utan att filnamnet ändras.

Project Properties

Då ett nytt projekt skapas ärvs vissa inställningar som definierats i dialogrutan **Application Options** som öppnas genom **File → Options**, nämligen flikarna **Labels**, **Paragraph Styles**, **Model Styles**, och **Audio/Video**. Ändringar och nya mallar som görs under **Project Properties** kommer endast att gälla det aktiva projektet.

♦ **Gör så här**

1 Gå till **File → Info → Project Properties**.

Dialogrutan **Project Properties** visas, fliken **General**:

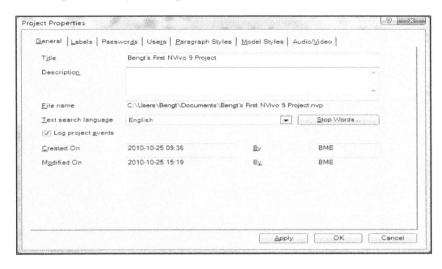

Här kan man ändra projektnamnet, men ej filnamnet. Från rullisten **Text Search Language** väljs om möjligt det språk som används i projektet, annars English eller None. Söksspråk är viktigt vid Text Search Queries och Word Frequency Queries. En stoppordslista finns inbyggd i NVivo för vissa språk. Stoppordslistan kan editeras med knappen **[Stop Words]** även för språkinställningen *None*. Egna stoppord gäller bara aktuellt projekt. Stoppordlistan kan kompletteras när man använder Text Search Queries och Word Frequency Queries, se kapitel 15, Att ställa sökfrågor.

Beskrivningen (max 512 tecken) kan ändras eller kompletteras. *Log project events* är ett valbart alternativ.

Dialogrutan **Project Properties** visas, fliken **Labels**:

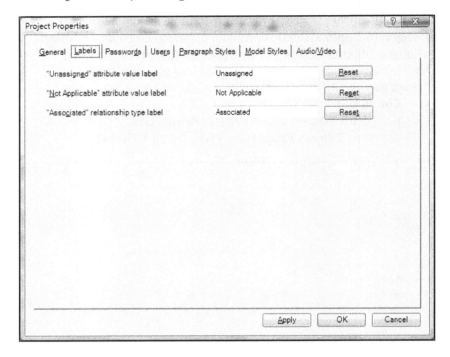

I denna dialogruta kan man ändra namnen på vissa "etiketter".
Med knapparna [**Reset**] återställer man till de värden som definierats
i dialogrutan **Application Options**, fliken **Labels**, sidan 29.

Dialogrutan **Project Properties** visas, fliken **Passwords**:

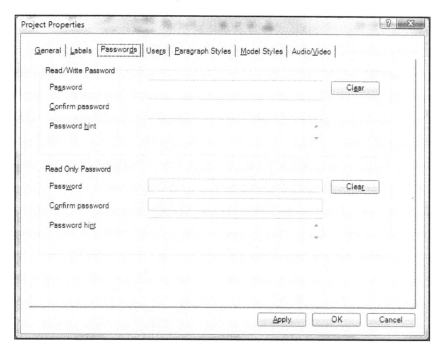

Här kan man definiera lösenord (Password) för att dels öppna projektet, dels redigera projektet.

Dialogrutan **Project Properties** visas, fliken **Users**:

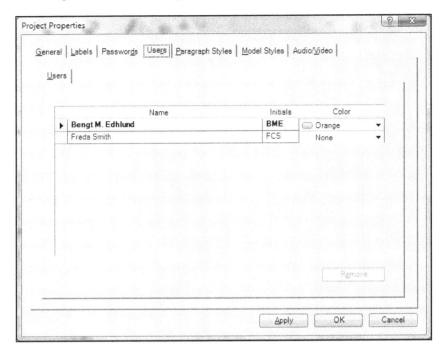

Här anges de användare som hittills arbetat i projektet. Den som
är aktiv användare anges med fetstil. Möjlighet finns att ersätta en
användare med någon av de andra på listan. Man markerar den som
ska tas bort (triangeln) och använder sedan [**Remove**] varvid en
lista med de övriga användarna visas. Då väljer man vem som ska
ersätta den borttagna.

Här kan man också tilldela användarna en individuell
färgmärkning med rullisten i kolumnen Color. Denna färgmärkning
kan exempelvis användas vid visning av kodlinjer per användare.

Dialogrutan **Project Properties** visas, fliken **Paragraph Styles**:

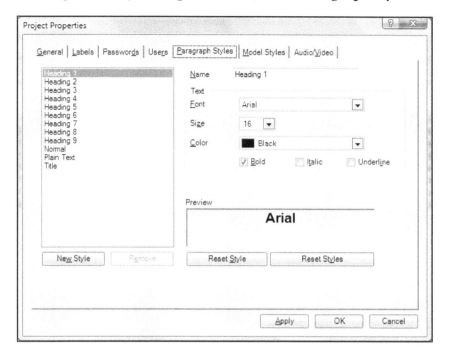

Här kan man ändra på definitionerna för formatmallarna.
Knappen **[Reset]** återställer till de värden som sparats i dialogrutan
Application Options, fliken **Paragraph Styles**, sidan 31.

Dialogrutan **Project Properties** visas, fliken **Model Styles**:

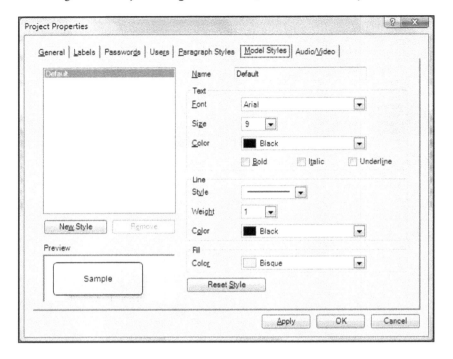

När ett nytt projekt skapas ärvs de mallar som tidigare skapats genom **Application Options**, fliken **Model Styles**, sidan 32. Nya mallar som skapas genom dialogrutan **Project Properties** kan bara användas av det aktiva projektet.

Dialogrutan **Project Properties** visas, fliken **Audio/Video**:

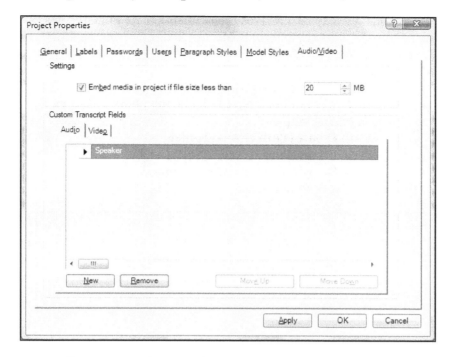

Inställningar ärvs från **Application Options**, fliken **Audio/Video**, sidan 32. Ändringar som görs här påverkar enbart det aktiva projektet.

Skapa nya mappar

Under följande mappar i NVivos projektmall kan användaren skapa
nya mappar: Internals, Externals, Memos, Nodes, Queries, Reports,
Extracts och Models.

♦ **Gör så här**

1 Välj grupp med navigeringsknapparna i område **(1)** och
markera sedan i område **(2)** den mapp under vilken en ny
mapp skall skapas.

2 Gå till **Create | Collections | Folder**
eller kortkommando **[Ctrl] + [Shift] + [N]**
eller högerklicka och välj **New Folder...**

Dialogrutan **New Folder** visas:

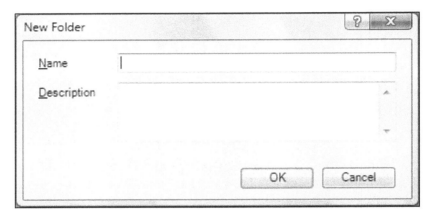

3 Skriv namn (obligatoriskt) och eventuellt beskrivning,
därefter **[OK]**.

Ta bort en mapp

♦ **Gör så här**

1 Markera den eller de mappar i område **(2)** som du vill ta
bort.

2 Använd **[Del]**-tangenten
eller gå till **Home | Editing | Delete**
eller högerklicka och välj **Delete**.

3 Bekräfta med **[Yes]**.

Skapa nya sets

Sets definieras som mappar som innehåller genvägar till olika typer av objekt i projektet. Det kan också betraktas som en slags sortering eller som en delmängd eller kollektion. Ett set kan inte ha undermappar.

♦ **Gör så här**
  1 Gå till [**Folders**] i område (**1**).
  2 Välj mappen **Sets** i område (**2**).
  3 Gå till **Create | Collections | Sets**
    eller kortkommando [**Ctrl**] + [**Shift**] + [**N**]
    eller högerklicka och välj **New Set...**
Dialogrutan **New Set** visas:

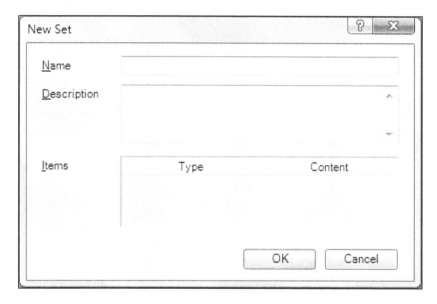

  4 Skriv namn (obligatoriskt) och eventuellt beskrivning, därefter [**OK**].
Nu måste man skapa innehållet i sitt set.

♦ **Gör så här**
  1 Markera det eller de objekt som skall tillhöra ett visst set.
  2 Gå till **Create | Collections | Add To Set**
    eller högerklicka och välj **Add To Set...**

Dialogrutan **Select Set** visas:

3   Välj set och klicka på [**OK**].

Det går också bra att utgå från objekt eller genvägar som skapats i andra sammanhang och kopiera dessa till ett visst set. T ex när man använder **Find**, **Advanced Find** eller **Grouped Find** kan man låta resultatet ingå i ett set. Skapa sets kan alltså vara ett alternativ till att använda undermappar till **Search Folders**.

♦   **Gör så här**
1   Markera det eller de objekt eller genvägar som skall utgöra ett nytt set
2   Gå till **Create | Collections | Create As Set**.
Dialogrutan **New Set** visas.
3   Skriv namn på ditt nya set.
4   Klicka på [**OK**].

Kopiera, klippa ut och klistra in

De vanliga Windows-reglerna för kopiera, klippa ut och klistra in för text och bild gäller NVivo. NVivo kan dessutom kopiera, klippa ut och klistra in även hela objekt som t ex dokument, memo, noder mm. Det finns dock en naturlig reservation i detta. Det går inte att klistra in en nod i mappen för dokument och tvärtom. Man kan alltså bara klistra in ett objekt i sin rätta typ av mapp.

♦   **Gör så här**
1   Markera en nod.
2   Klipp ut genom att gå till **Home | Clipboard | Cut**
eller kortkommando [**Ctrl**] + [**X**]
eller högerklicka och välj **Cut**.
alternativt

2 Kopiera genom att gå till **Home | Clipboard | Copy**
eller kortkommando **[Ctrl]** + **[C]**
eller högerklicka och välj **Copy**.

3 Markera den mapp eller den överordnade nod under vilken
du vill placera den utklippta noden.

4 Gå till **Home | Clipboard | Paste → Paste**
eller kortkommando **[Ctrl]** + **[V]**
eller högerklicka och välj **Paste**.

Klistra in special

När man kopierat eller klippt ut externa eller interna dokument eller
memos (alltså ej noder) kan man välja vilka delar av objektet som
skall klistras in.

♦ **Gör så här**

1 Kopiera eller klipp ut det eller de objekt du vill klistra in på
annat ställe.

2 Gå till ny mapp.

3 Gå till **Home | Clipboard | Paste → Paste Special...**

Dialogrutan **Paste Special Options** visas:

4 Välj de delar av objektet som du önskar medfölja vid
inklistringen. Alternativen *Media content* och *Transcript*
gäller för video- och audioobjekt och *Log entries* gäller för
bildobjekt.

5 Bekräfta med **[OK]**.

Vanligt kommando **Paste** motsvarar att samtliga alternativ väljs.

Sammanfoga noder

Varje nod kan sammanfogas med en annan nod på följande sätt:

♦ **Gör så här**

1 Kopiera eller klipp ut den eller de noder du vill sammafoga med annan nod.

2 Markera den nod som skall sammanfogas med den eller de kopierade eller utklippta noderna.

3 Gå till **Home | Clipboard | Merge** → **Merge Into Selected Node** eller kortkommando **[Ctrl]** + **[M]**
eller högerklicka och välj **Merge Into Selected Node**.

Dialogrutan **Merge Into Node** visas:

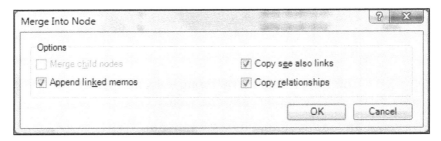

4 Välj tillämpliga alternativ och klicka på **[OK]**.

Alternativt kan två eller flera noder sammanfogas till en ny nod.

♦ **Gör så här**

1 Klipp ut eller kopiera två eller flera noder.

2 Välj en mapp eller den överordnade nod under vilken du vill placera den utklippta eller kopierade noden.

3 Klicka på en tom plats eller på en trädnod i område **(3)** under vilken du vill placera den nya noden.

4 Gå till **Home | Clipboard | Merge** → **Merge Into New Node...**
eller högerklicka och välj **Merge Into New Node...**

alternativt

4 Gå till **Home | Clipboard | Merge** → **Merge Into New Child Node**
eller högerklicka och välj **Merge Into New Child Node...**

Dialogrutan **Merge Into Node** visas:

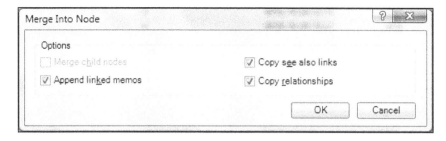

5 Välj tillämpligt alternativ och klicka på [**OK**].
Dialogrutan **New Node** visas:

6 Skriv namn (obligatoriskt) och eventuellt alias (Nickname)
   och beskrivning, därefter [**OK**].

Sammanfoga projekt

Man kan sammanfoga flera projekt genom att importera ett projekt
till ett annat.

♦ **Gör så här**
   1 Öppna ett projekt.
   2 Gå till **External Data** | **Import** | **Project**.

Dialogrutan **Import Project** visas:

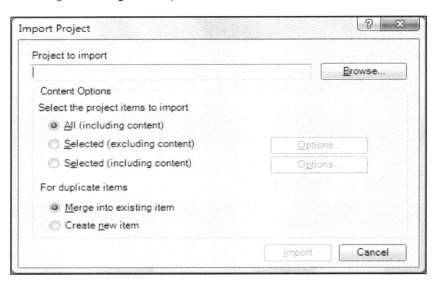

3   Med [**Browse...**] öppnas en filbläddrare och man söker sig
    fram till det projekt som skall importeras.
4   Välj de alternativ du önskar gälla för importen.
5   Bekräfta med [**Import**].
Först visas en **Import Project Report** med objektinformation.

Exportera data från ett projekt

Data från ett projekt kan exporteras så att det i sin tur kan
importeras till ett annat projekt.

♦   **Follow These Steps**
    1   Öppna ett projekt.
    2   Gå till **External Data | Export | Export → Project...**
Dialogrutan **Export Project Data** visas:

Vid **Export items** och [**Select**] knappen väljer man vilka objekt
som skall exporteras och vid **Export to** och [**Specify**] knappen väljer
man namn och lagringsplats för exporterad data.

52

Spara och säkerhetskopiera

Man kan spara projektet när som helst under arbetets gång. Tänk på att man sparar hela projektet samtidigt. Det går alltså inte att spara enskilda objekt för sig.

♦ **Gör så här**
1 Gå till **File → Save**
eller kortkommando **[Ctrl] + [S]**.

Om inställningen på sidan 27 har ställts in på *Enable project save reminders every 15 minutes* kommer följande meddelande visas:

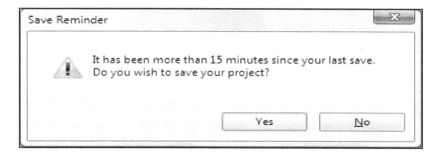

2 Genom att svara **[Yes]** sparas hela projektet.

Säkerhetskopiering är enkelt genom att hela projektet är en enda fil och inte en struktur av flera mappar och filer. Använd Windows vanliga verktyg för säkerhetskopiering och följ de säkerhetsrutiner som din organisation tillämpar. Man kan också använda **File → Manage → Copy Project...** som då skapar en kopia av projektet på den plats man bestämmer samtidigt som man ligger kvar i samma arbetsläge.

Ångra

Ångra-funktionen kan göras i flera steg bakåt och framåt. Ångra fungerar emellertid endast för sådana åtgärder som vidtagits efter senast gjorda spara.

♦ **Gör så här**
1 Gå till **Undo** på snabbverktyget
eller kortkommando **[Ctrl] + [Z]**.

Med pilen vid ångraikonen kan man välja vilka av de fem senaste åtgärderna som skall ångras. Väljer man den översta åtgärden ångras bara denna och väljer man den undre ångras alla åtgärder på listan.

Kommandot **Redo** (ångra – ångra) som finns i Word finns ej i NVivo.

4. HANTERA TEXT-KÄLLOR

Egna dokument

Källobjekt kan importeras från källor som skapats utanför NVivo men kan också skapas av NVivo eftersom de flesta verktyg finns inbyggda i programvaran.

Importera dokument

Detta avsnitt behandlar textdokument som kan importeras som källobjekt. Följande filtyper kan importeras: .DOC, .DOCX, .RTF, .TXT och .PDF. I och med att dokumenten importerats kommer de att utgöra objekt i NVivo-projektet. Ett PDF-dokument som importeras kommer alltså att "konverteras" till ett Word-liknande format och kommer att kunna behandlas vidare (kodas, länkas) som vilket annat objekt som helst.

   PDF-dokument med mycket grafik och avancerad spaltstruktur kan förlora en hel del av sin ursprungliga layout vid en sådan konvertering. Lösningen är i så fall att antingen först konvertera till Word-format med programmet Acrobat Professional eller Fine Reader eller att skapa ett Externt objekt med en länk till PDF-dokumentet, se sidan 60.

♦ **Gör så här**
   1   Gå till **External Data | Import | Documents**
        Standard lagringsplats är mappen **Internals**.
        Gå till punkt 5.
alternativt
   1   Klicka på [**Sources**] i område (**1**).
   2   Välj mappen **Internals** i område (**2**) eller undermapp.
   3   Gå till **External Data | Import | Documents**
        eller kortkommando [**Ctrl**] + [**Shift**] + [**I**]
        Gå till punkt 5.
alternativt
   3   Peka på tom plats i område (**3**).
   4   Högerklicka och välj **Import Internals → Import Documents...**
Dialogrutan **Import Internals** visas:

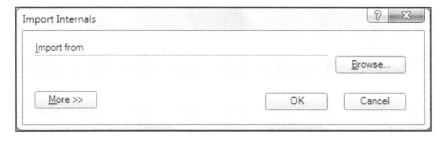

5 Med [**Browse...**] får man tillgång till en filbläddrare och kan välja ett eller flera dokument för samtidig import.

6 När dokument valts bekräftar man med [**Öppna**].

Med knappen [**More >>**] får man tillgång till flera alternativ:

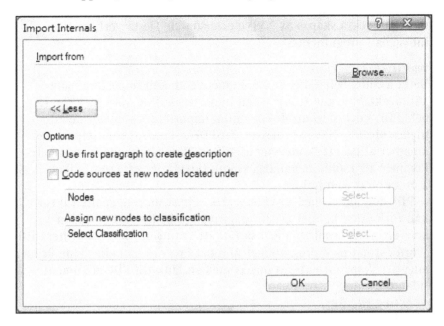

Use first paragraph to create descriptions. Programmet kopierar första stycket i dokumentet och lägger det i textrutan Description.

Code sources at new nodes located under. Varje källobjekt blir kodat till en nod med källobjektets namn och placerat under den mapp och överliggande nod som valts. Vidare måste man ange en klassifikation för dessa noder. Se sidan 130 om Classification Sheets.

7 Slutligen efter att ha markerat önskade alternativ sker importen med [**OK**].

När endast ett dokument importeras visas dialogrutan **Document Properties**:

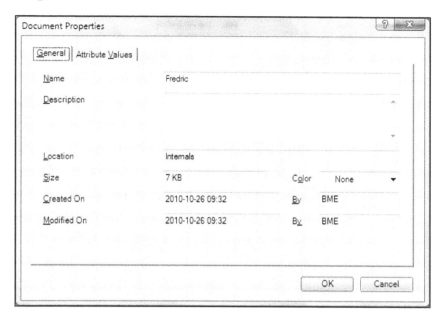

Här har man möjlighet att ändra namn på objektet och eventuellt skriva en beskrivning.

8   Bekräfta med [**OK**].

Dokument som importeras blir alltid skrivskyddade objekt och måste därför ställas i Edit-läge om de skall editeras. Kodning och länkning (men ej hyperlänkning) kan emellertid göras i skrivskyddade objekt.

Skapa nytt dokument

♦ **Gör så här**

    1   Gå till **Create | Sources | Document**
        Standard lagringsplats är mappen **Internals**.
        Gå till punkt 5.

alternativt

    1   Klicka på [**Sources**] i område (**1**).
    2   Välj mappen **Internals** i område (**2**) eller undermapp.
    3   Gå till **Create | Sources | Document**
        eller kortkommando [**Ctrl**] + [**Shift**] + [**N**].
        Gå till punkt 5.

alternativt

    3   Peka på tom plats i område (**3**).
    4   Högerklicka och välj **New Internal** → **New Document...**

Dialogrutan **New Document** visas:

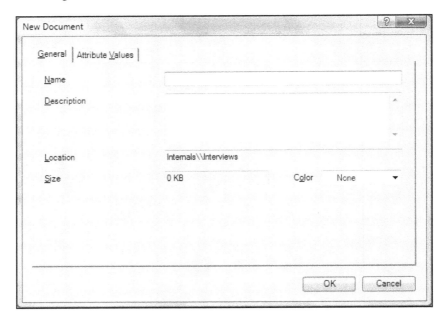

5   Skriv namn (obligatoriskt) och eventuellt beskrivning,
    därefter [**OK**].
Så här kan en lista i område (**3**) med några dokument se ut:

Öppna ett dokument

◆   **Gör så här**
    1   Klicka på [**Sources**] i område (**1**).
    2   Välj mappen **Internals** i område (**2**) eller undermapp.
    3   Markera det dokument i område (**3**) du vill öppna.
    4   Gå till **Home | Item | Open**
        eller kortkommando [**Ctrl**] + [**Shift**] + [**O**]
        eller högerklicka och välj **Open Document...**
        eller dubbelklicka på dokumentet i område (**3**).
Observera att det endast går att öppna ett dokument i taget.

Exportera dokument

♦ **Gör så här**

1 Klicka på [**Sources**] i område (**1**).
2 Välj mappen **Internals** i område (**2**) eller eventuell undermapp.
3 Markera det eller de dokument i område (**3**) som du vill exportera.
4 Gå till **External Data** | **Export** | **Export → Export Document...**
eller kortkommando [**Ctrl**] + [**Shift**] + [**E**]
eller högerklicka och välj **Export → Export Document...**

Dialogrutan **Export Options** visas:

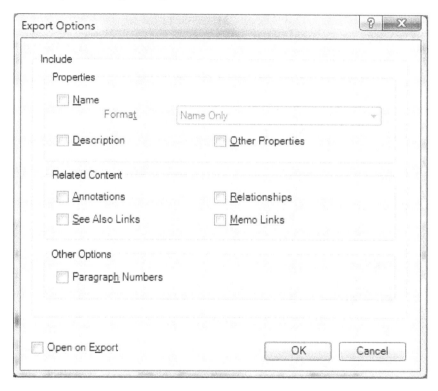

5 Välj tillämpliga alternativ. Bekräfta med [**OK**].
6 Bestäm lagringsplats, filtyp (.DOC, .DOCX, .RTF, .PDF eller .HTML) och filnamn, bekräfta med [**Spara**].

Observera att den kodning som eventuellt gjorts inte kan överföras till ett sådant exporterat dokument.

♦ **Gör så här**

1   Klicka på [**Sources**] i område (**1**).

2   Välj mappen Internals i område (**2**) eller eventuell undermapp.

3   Markera det eller de dokument i område (**3**) som du vill ta bort.

4   Gå till **Home | Editing | Delete**
    eller använd [**Del**]-tangenten
    eller högerklicka och välj **Delete**.

5   Bekräfta med [**Yes**].

Externa objekt

Av flera skäl kan man ha behov av att referera till källor utanför NVivo, t ex en webbsida eller en extern fil. NVivo använder då ett externt objekt som har en länk eller pekare till den externa källan.

♦ **Gör så här**

1   Gå till **Create | Sources | External**
    Standard lagringsplats är mappen **Externals**.
    Gå till punkt 5.

alternativt

1   Klicka på [**Sources**] i område (**1**).

2   Välj mappen **Externals** i område (**2**) eller undermapp.

3   Gå till **Create | Sources | External**
    eller kortkommando [**Ctrl**] + [**Shift**] + [**N**].
    Gå till punkt 5.

alternativt

3   Peka på tom plats i område (**3**).

4   Högerklicka och välj **New External...**

Dialogrutan **New External** visas:

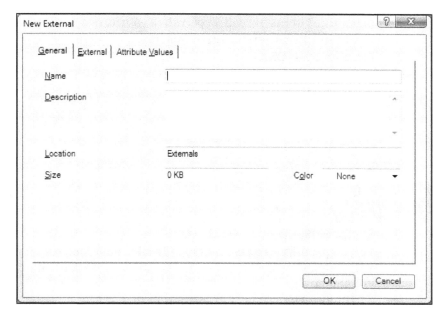

5   Skriv namn (obligatoriskt) och eventuellt beskrivning,
    därefter välj fliken **External**.

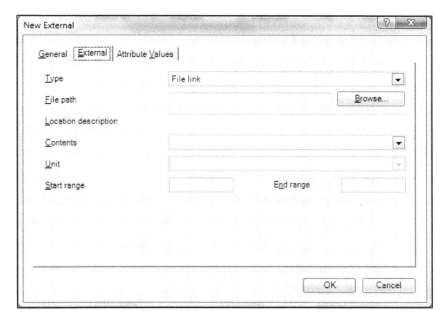

6 Vid **Type** välj *File link* och bläddra därefter med
[**Browse...**] till den fil i egen dator eller nätverk som du vill
länka till. Alternativt vid Type välj *Web link* och skriv eller
klistra in URL-adressen i rutan under.

7 Bekräfta med [**OK**].

Så här kan en lista i område (**3**) med några externa objekt se ut:

Externals							
Name	Nodes	References	Created On	Created By	Modified On	Modified By	
Reference Instructions	0	0	2010-10-27 16:	BME	2010-10-27 16:4	BME	
Guidelines	0	0	2010-10-27 16:	BME	2010-10-27 16:4	BME	
Literature Listing	0	0	2010-10-27 16:	BME	2010-10-27 16:4	BME	
Article on Methods	0	0	2010-10-27 16:	BME	2010-10-27 16:4	BME	

Öppna extern källa

♦ **Gör så här**

1 Klicka på [**Sources**] i område (**1**).
2 Välj mappen **Externals** i område (**2**) eller undermapp.
3 Välj det externa objekt i område (**3**) vars externa källa du
vill öppna.
4 Gå till **External Data | Files | Open External File**
eller högerklicka och välj **Open External File**.

Öppna externt objekt

♦ **Gör så här**

1 Klicka på [**Sources**] i område (**1**).
2 Välj mappen **Externals** i område (**2**) eller undermapp.
3 Välj det externa objekt i område (**3**) som du vill öppna.
4 Gå till **Home | Item | Open**
eller kortkommando [**Ctrl**] + [**Shift**] + [**O**]
eller högerklicka och välj **Open External...**
eller dubbelklicka på externa objektet i område (**3**).

Ändra en extern länk

♦ **Gör så här**

1 Klicka på [**Sources**] i område (**1**).
2 Välj mappen **Externals** i område (**2**) eller undermapp.
3 Välj det externa objekt i område (**3**) som du vill redigera.
4 Gå till **Home | Item | Properties**
eller kortkommando [**Ctrl**] + [**Shift**] + [**P**]
eller högerklicka och välj **External Properties...**
Dialogrutan **External Properties** visas.
5 Välj fliken **External** och om det är en länkad fil använd
[**Browse...**] för att ändra sökvägen och om det är en
Webblänk ändra URL:en.

Exportera externt objekt

♦ **Gör så här**

1 Klicka på [**Sources**] i område (**1**).
2 Välj mappen **Externals** i område (**2**) eller undermapp.
3 Välj det eller de externa objekt i område (**3**) som du vill exportera.
4 Gå till **External Data | Export | Export**
   eller kortkommando [**Ctrl**] + [**Shift**] + [**E**]
   eller högerklicka och välj **Export** → **Export External...**
Dialogrutan **Export Options** visas.
5 Välj tillämpliga alternativ. Bekräfta med [**OK**].
6 Bestäm lagringsplats, filtyp (.DOC, .DOCX, .RTF, .TXT, .PDF eller .HTML) och filnamn, bekräfta med [**Spara**].

Den länkade filen eller Webblänken inkluderas inte i det exporterade dokumentet, endast innehållet i det externa objektet exporteras.

Ta bort externt objekt

♦ **Gör så här**

1 Klicka på [**Sources**] i område (**1**).
2 Välj mappen **Externals** i område (**2**) eller undermapp.
3 Markera det eller de dokument i område (**3**) som du vill ta bort.
4 Gå till **Home | Editing | Delete**
   eller använd [**Del**]-tangenten
   eller högerklicka och välj **Delete**.
5 Bekräfta med [**Yes**].

5. REDIGERA DOKUMENT I NVIVO

Vare sig man importerar ett dokument från Word eller skapar ett nytt dokument i NVivo har man tillgång till de flesta redigeringsmöjligheter som ett modernt ordbehandlingsprogram erbjuder.

Varje gång ett källobjekt öppnas är det alltid skrivskyddat. Därför måste man klicka på *Click to edit* innan man kan börja redigera. Alternativt kan man använda **Home | Item | Edit** som är en pendelfunktion. Man kan koda och skapa länkar (men ej Hyperlinks) i ett skrivskyddat objekt.

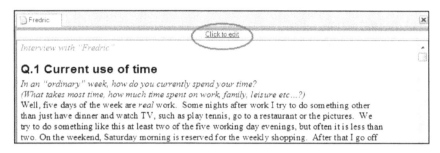

Teckensnitt, attribut, storlek och färg

◆   **Gör så här**
1   Markera den text du vill formatera.
2   Gå till **Home | Format → Font...**
Dialogrutan **Font** visas:

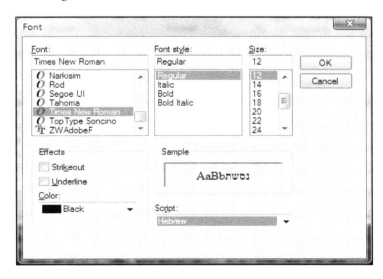

3   Välj de alternativ som du önskar och avsluta med [**OK**].

Val av formatmall

♦ **Gör så här**
1 Placera markören i det stycke du vill formatera.
2 Gå till **Home | Styles**.
3 Välj i listan av formatmallar.
4 Bekräfta med **[OK]**.

Återgång till ursprungligt textformat kan göras under förutsättning att projektet inte sparats sedan sista ändring.

♦ **Gör så här**
1 Placera markören i det stycke du vill skall återgå till ursprungligt textformat.
2 Gå till **Home | Styles | Reset Settings**.

Val av justering

♦ **Gör så här**
1 Placera markören i det stycke du vill formatera.
2 Gå till **Home | Paragraph**.
3 Välj bland ikoner av justeringsalternativ.

Val av indrag

♦ **Gör så här**
1 Placera markören i det stycke du vill ändra indraget för.
2 Gå till **Home | Paragraph**.
3 Välj bland ikoner som symboliserar minskat eller ökat indrag.

Skapa listor

♦ **Gör så här**
1 Markera de stycken du vill göra till en lista.
2 Gå till **Home | Paragraph**.
3 Välj punktlista eller numrerad lista.

Söka ord i texten

♦ **Gör så här**
1 Öppna ett dokument.
2 Gå till **Home | Editing | Find → Find...**
eller kortkommando **[Ctrl]** + **[F]**.

Dialogrutan **Find Content** visas:

3   Skriv sökord, därefter [**Find Next**].

Alternativet **Style** gör det möjligt att begränsa sökningen från *Any* till en viss given formatmall.

Lägg märke till att alternativet *Match case* finns för att exakt matcha *VERSALER* eller *gemener* och att alternativet *Find whole word* stänger av fritextsökningen.

Sök – ersätt

♦   **Gör så här**

1   Öppna ett dokument.
2   Gå till **Home | Editing | Replace**
     eller kortkommando [**Ctrl**] + [**H**].

Dialogrutan **Replace Content** visas:

3 Skriv sökord och ersättningsord, därefter [**Replace**] eller [**Replace All**].

Alternativet *Style* vid **Find What** gör det möjligt att begränsa sökningen från *All* till en viss given formatmall och alternativet *Style* vid **Replace With** gör det möjligt att samtidigt ersätta det funna ordet och ändra styckeformateringen i och med att Same ändras till en viss given formatmall.

Lägg märke till att alternativet *Match case* finns för att exakt matcha *VERSALER* eller *gemener* och att alternativet *Find whole word* stänger av den dubbelsidiga autotrunkeringen.

Markera text

Markera text: Klicka och dra
Markera ett ord: Dubbelklicka
Markera ett stycke:

♦ **Gör så här**
1 Placera markören i det stycke du vill markera.
2 Gå till **Home | Editing | Select → Select Paragraph** eller trippelklicka.

Markera hela dokumentet:

♦ **Gör så här**
1 Placera markören någonstans i dokumentet.
2 Gå till **Home | Editing | Select→ Select All**
eller kortkommando **[Ctrl]** + **[A]**.

Gå till viss plats

♦ **Gör så här**
1 Gå till **Home | Editing | Find → Go To...**
eller kortkommando **[Ctrl]** + **[G]**.
Dialogrutan **Go To** visas:

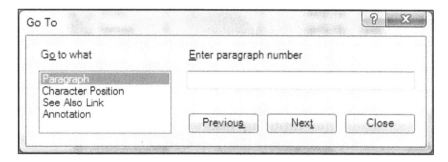

2 Välj alternativ under **Go to what** och eventuellt värde.
3 Klicka på **[Previous]** eller **[Next]**.

Skapa en tabell

♦ **Gör så här**
1 Placera markören där du önskar skapa en tabell.
2 Gå till **Home | Editing | Insert → Insert Text Table...**
Dialogrutan **Insert Text Table** visas:

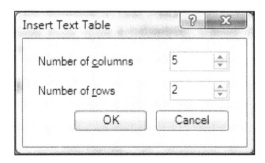

3 Välj antal kolumner och antal rader i tabellen.
4 Bekräfta med **[OK]**.

Infoga sidbrytning

♦ **Gör så här**
1 Placera markören där du önskar infoga en sidbrytning.
2 Gå till **Home | Editing | Insert → Insert Page Break**.

En sådan sidbrytning visas som en prickad linje på skärmen.

Infoga bild

♦ **Gör så här**
1 Placera markören där du önskar infoga en bild.
2 Gå till **Home | Editing | Insert → Insert Image...**
3 Välj bild med filbläddaren (endast BMP, JPG och GIF-filer kan infogas).
4 Bekräfta med **[Open]**.

Infoga datum och klockslag

♦ **Gör så här**
1 Placera markören där du önskar infoga datum och klockslag.
2 Gå till **Home | Editing | Insert → Insert Date/Time** eller kortkommando **[Ctrl] + [Shift] + [T]**.

Infoga symbol

♦ **Gör så här**
1 Placera markören där du önskar infoga en symbol.
2 Gå till **Home | Editing | Insert → Insert Symbol** eller kortkommando **[Ctrl] + [Shift] + [Y]**.
3 Välj symbol från dialogrutan **Insert Symbol**, avsluta med **[Insert]**.

Zooma dokument

♦ **Gör så här**
1 Öppna dokumentet.
2 Gå till **View | Zoom | Zoom | Zoom...**

Dialogrutan **Zoom** visas:

3   Ställ in önskad förstoringsgrad och bekräfta med [**OK**].

Alternativt kan man också använda Zoomreglaget i statusraden längs ner på skärmbilden eller [**Ctrl**] och mushjulet.

Om du nöjer dig med att zooma in och ut i förutbestämda steg:

♦   **Gör så här**
  1   Öppna dokumentet.
  2   Gå till **View | Zoom | Zoom | Zoom In**
      eller **View | Zoom | Zoom | Zoom Out**.

Förhandsgranska för utskrift

♦   **Gör så här**
  1   Öppna dokumentet.
  2   Gå till **File → Print → Print Preview**.

Dialogrutan **Print Options** visas:

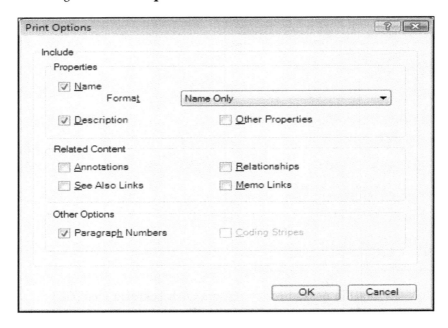

3 Välj alternativ för förhandsgranskningen.
4 Bekräfta med [**OK**].

Som framgår av dialogrutan ovan har vi i detta exempel valt att återge både namn, beskrivning och styckenumrering som kan vara till stor hjälp när man arbetar flera personer i samma projekt. Här visas också sidbrytningen i dokumentet, något som inte är fallet på skärmen. Resultatet kan se ut så här:

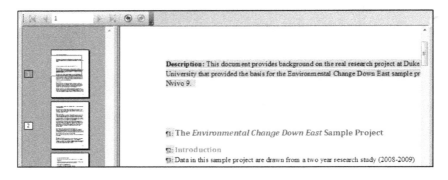

Här finns ett stort antal möjligheter att navigera, zooma och ändra utseendet. Miniatyrerna till vänster tas bort med **View →** **Thumbnails** som är en pendelfunktion. För utskrift av samtliga sidor gå till **File → Print** eller kortkommando [**Ctrl**] + [**P**].

Utskrift av dokument

♦ **Gör så här**

1 Öppna dokumentet.

2 Gå till **File → Print → Print...**
eller kortkommando [**Ctrl**] + [**P**].

3 Dialogrutan **Print Options** (samma som ovan) visas. Välj alternativ för utskriften.

4 Bekräfta med [**OK**].

Utskrift med kodlinjer

För att kunna skriva ut ett dokument med kodlinjer krävs först att dokumentet visar kodlinjer på skärmen. Därefter måste man försäkra sig om att ange *Coding Stripes* i dialogrutan **Print Options**:

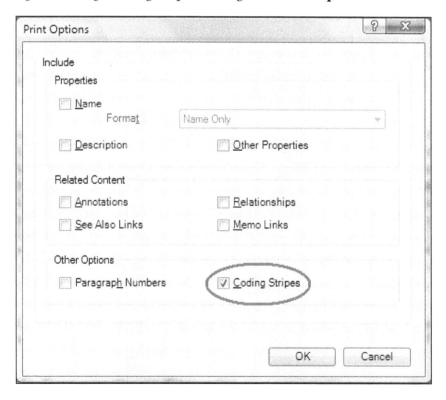

Utskriften sker med text och kodlinjer på separata sidor enligt denna bild:

Om man önskar utskriften av text och kodlinjer på samma ark kan man ställa in printern så att den skriver ut två sidor på samma ark. Hur detta går till är beroende av vilken skrivare man har. Vanligtvis finns en utskriftsinställning som möjliggör utskrift av två sidor per ark och en sådan inställning bör då ges ett namn under alternativet Snabbinställning för utskriftsjobb eller liknande.

Utskriftsformat

◆ **Gör så här**
1 Öppna ett dokument och öppna **Print Preview**.
2 Gå till **File → Page Setup...**
Dialogrutan **Page Setup** visas:

3 Ställ in önskade värden för papperstorlek, orientering och marginaler, därefter [**OK**].

Begränsningar i NVivos redigeringsmöjligheter

Av naturliga skäl har NVivo vissa begränsningar i möjligheter att skapa avancerat formaterade dokument.

Dessa begränsningar är:

- NVivo kan ej sammanfoga två dokument annat än genom att kopiera/klippa ut och klistra in
- Det är svårt att formatera en bild (ändra storlek, orientering, flytta)
- Det är svårt att formatera en tabell
- Det är svårt att formatera ett stycke (hängande indrag, första raden annorlunda, radavstånd)
- Stavningskontroll saknas
- Kopiering från Word till NVivo förlorar ofta vissa styckeformateringar
- Fotnoter som finns i ett Worddokument försvinner vid import till NVivo
- Fältkoder förkommer ej i NVivo och dessa ändras till text vid import till NVivo
- NVivo kan inte arbeta med flera spalter. Importeras ett flerspaltigt dokument konverteras det till enspaltigt för att kunna analyseras och kodas i NVivo. När ett sådant dokument (flerspaltigt Word) skrivs ut återskapas spalterna

Ofta är det en stor fördel att arbeta i Word och sedan importera dokumentet. Fotnoter måste dock ersättas med Annotations. De flesta formateringar i Word-dokumentet behålls efter import till NVivo, men kan alltså inte alltid formatredigeras.

6. HANTERA AUDIO- OCH VIDEO-OBJEKT

Den övergripande idén med att importera ljudfiler och videofiler är tvåfaldig. Den första tanken är att sådant material innehåller ytterligare information såsom röstläge, röststyrka, temperament, kroppsspråk etc. Den andra tanken är att reducera arbete och kostnader för avskrift, som kan reduceras till nyckelord eller korta kommentarer.

NVivo 9 kan importera följande format för audio-filer: .MP3, .WAV och .WMA och följande format för video-filer: .MPG, .MPEG, .MPE, .WMV, .AVI, .MOV, .QT och .MP4. Mediafiler mindre än 40 MB kan importeras och bäddas in i projektfilen medan filer större än 40 MB måste lagras som externa filer, men kan ändå hanteras i alla övriga avseenden som ett inbäddat objekt. Tröskelvärdet för vilka mediafiler som skall lagras som externa filer kan minskas för alla nya projekt genom **File → Options**, välj fliken **Audio/Video**, avsnitt **Default for new projects** se sidan 33 eller för det aktuella projektet genom **File → Info → Project Properties...**, välj fliken **Audio/Video**, avsnitt **Settings**, se sidan 45.

Vill man enkelt se vilka objekt som icke är inbäddade gå till [**Folders**] i område (**1**), välj mappen **Search Folders** och undermapp **All Sources Not Embedded** i område (**2**).

Importera mediafiler

◆ **Gör så här**
1 Gå till **External Data | Import | Audios/Videos**
   Standard lagringsplats är mappen **Internals**.
   Gå till punkt 5.

alternativt
1 Klicka på [**Sources**] i område (**1**).
2 Välj mappen **Internals** i område (**2**) eller undermapp.
3 Gå till **External Data | Import | Audios/Videos**
   eller kortkommando [**Ctrl**] + [**Shift**] + [**I**].
   Gå till punkt 5.

alternativt
3 Peka på tom plats i område (**3**).
4 Högerklicka och välj **Import Internals → Import Audios.../Import Videos...**

Dialogrutan **Import Internals** visas:

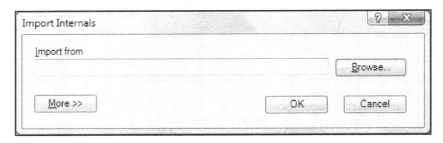

5 Med [**Browse...**] får man tillgång till en filbläddrare och
kan välja en eller flera mediafiler för samtidig import.
6 När fil eller filer valts bekräftar man med [**Öppna**].
Med knappen [**More** >>] får man tillgång till flera alternativ:

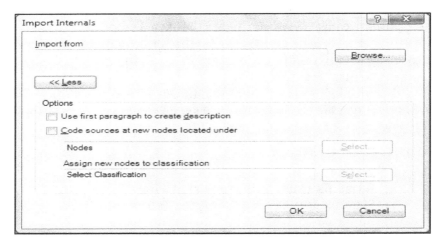

Use first paragraph to create descriptions. Ej tillämpligt vid import
av audio- eller videofiler.

Code sources at new nodes located under. Varje källobjekt blir
kodat till en nod med källobjektets namn och placerat under den
mapp och överliggande nod som valts. Vidare måste man ange en
klassifikation för dessa noder. Se sidan 130 om Classification Sheets.

7 Slutligen efter att ha markerat önskade alternativ sker
importen med [**OK**].

När endast en mediafil importeras visas dialogrutan **Audio Properties/Video Properties**:

Här har man möjlighet att ändra namn på objektet och eventuellt skriva en beskrivning och fliken **Audio/Video** kan användas för att låta mediafilen lagras externt även om den ligger under gränsvärdet och kan bäddas in. Efter att mediaobjektet importerats kan man vid senare tillfälle med hjälp av **Audio Properties/Video Properties** ändra från inbäddat objekt till extern lagring och tvärtom. Inbäddade objekt kan dock aldrig vara större än 40 MB.

    8   Avsluta med [**OK**].

Ibland kan man behöva flytta externa (ej inbäddade) mediafiler från en plats till en annan. Efter att ha flyttat en sådan fil måste man uppdatera audioobjektet genom att markera det och sedan gå till **External Data | Files | Update File Location...** och sedan välja den nya mappen. Då hittar NVivo filen med rätt namn och rätt innehåll.

Skapa nytt mediaobjekt

♦   **Gör så här**
    1   Gå till **Create | Sources | Audio/Video**.
        Standard lagringsplats är mappen **Internals**.
        Gå till punkt 5.
alternativt
    1   Klicka på [**Sources**] i område (**1**).
    2   Välj mappen **Internals** i område (**2**) eller undermapp.
    3   Gå till **Create | Sources | Audio/Video**
        eller kortkommando [**Ctrl**] + [**Shift**] + [**N**].
        Gå till punkt 5.
alternativt
    3   Peka på tom plats i område (**3**).
    4   Högerklicka och välj **New Internal** → **New Audio...**/**New Video...**

Dialogrutan **New Audio/New Video** visas:

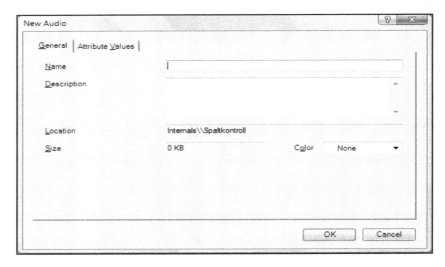

5 Skriv namn (obligatoriskt) och eventuellt beskrivning, därefter [**OK**].

På detta sätt skapas ett mediaobjekt som till att börja med varken innehåller mediafil eller textrader. Nu kan man i stället importera dessa var för sig genom att öppna audioobjektet, ta bort skrivskyddet och sedan gå till **External Data | Import | Media Content** respektive **External Data | Import | Rows** (se även sidan 84) och sedan välja innehåll.

Så här kan en lista i område (**3**) med några audioobjekt se ut:

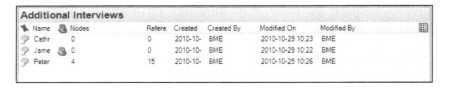

Öppna ett mediaobjekt

♦ **Gör så här**

1 Klicka på [**Sources**] i område (**1**).

2 Välj mappen **Internals** i område (**2**) eller undermapp.

3 Markera det mediaobjekt i område (**3**) som du vill öppna.

4 Gå till **Home | Item | Open**
eller kortkommando [**Ctrl**] + [**Shift**] + [**O**]
eller högerklicka och välj **Open Audio...**
eller dubbelklicka på mediaobjektet i område (**3**).

Ett öppnat audioobjekt kan se ut så här:

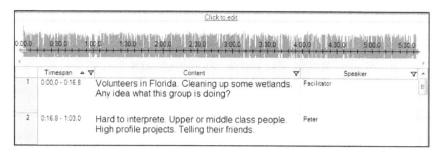

Förutsatt att ljudkort och högtalaranordning finns anslutna till datorn kan man nu spela upp mediafilen.

Uppspelningssätt

Lägg märke till att man kan välja mellan tre uppspelningssätt *Normal, Synchronize* eller *Transcribe.*

Gå till **Media | Playback | Playmode** för att ändra dessa inställningar.

Spela, stoppa

När ett mediaobjekt öppnas står det alltid på *Normal.*

♦ **Gör så här**
1   Gå till **Media | Playback | Play/Pause**
    eller kortkommando **[F7]**.
Om det redan finns en markering längs tidsaxeln spelas endast det markerade avsnittet upp. Ofta måste man ta bort markeringen genom att klicka utanför den.
2   Gå till **Media | Playback | Stop**
    eller kortkommando **[F8]**.

Spela upp synkroniserat

Det går att spela upp ett audioobjekt med synkronisering så att aktuell textrad är synlig (rullas fram automatiskt) och färgmarkerad.

♦ **Gör så här**
1   Gå till **Media | Playback | Play Mode → Synchronize.**
2   Spela upp.

Gå framåt, bakåt

♦ **Gör så här**

1 Gå till **Media** | **Playback** | **Go To Start**.
2 Gå till **Media** | **Playback** | **Rewind**.
3 Gå till **Media** | **Playback** | **Fast Forward**.
4 Gå till **Media** | **Playback** | **Go To End**.
5 Gå till **Media** | **Playback** | **Skip Back**.
  eller kortkommando [**F9**].
6 Gå till **Media** | **Playback** | **Skip Forward**
  eller kortkommando [**F10**].

Intervallet för *Skip* bestäms av inställningen under
File → Options, fliken **Audio/Video**, se sidan 33.

Volymkontroll, hastighet

♦ **Gör så här**

1 Gå till **Media** | **Playback** | **Volume**. Detta reglage tillåter
  även tystnad (Mute).
2 Gå till **Media** | **Playback** | **Play Speed**. Här finns både fasta
  lägen och kontinuerlig reglering.

Om avskrifter (Transcripts)

Ett mediaobjekt kan kompletteras med hela avskrifter, kommentarer
eller nyckelord som synkroniseras med vissa tidsintervall. Ett visst
intervall eller tidlucka skall kunna ha en motsvarande skrivrad med
skrivutrymme. Såväl tidluckan som skrivraden skall kunna kodas
och länkas (Memo, See Also, Annotation eller Hyperlink). Tidluckan
kan bestämmas på några olika sätt, t ex genom att markera ett
område längs tidsaxeln eller under uppspelning med särskilda
kommandon som anger startpunkt och slutpunkt intervallet.

För att lättare kunna se en markering längs tidsaxeln är det oftast
en fördel att dölja själva vågformen genom att använda **Media** |
Display | **Waveform**, som är en pendelfunktion. Varje audioobjekt
behåller sin individuella inställning under pågående arbetspass.

För ange vilken inställning av vågformen som skall gälla när
NVivo startar gå till **File → Options**, fliken **Display** och avmarkera
Waveform.

Markera längs tidsaxeln och skapa en skrivrad – Play Mode Normal

♦ **Gör så här**

1 Med vänster musknapp markeras startpunkt, håll sedan knappen nere, dra musen längs tidsaxeln och släpp knappen när slutpunkt nåtts.

alternativt

1 Spela upp ljudfilen, eventuellt med långsam hastighet, se ovan.

2 Ange startpunkt med **Media** | **Selection** | **Start Selection** eller kortkommando [**F11**].

3 Ange slutpunkt med **Media** | **Selection** | **Stop Selection** eller kortkommando [**F12**].

Resultatet är en markering (blå ram) längs tidsaxeln. För att arbeta vidare med att skapa en skrivrad eller koda eller skapa länkar är det klokt att pausa uppspelningen. För att gå vidare skall man också ta bort markeringen genom att klicka utanför ramen. Annars kommer uppspelningen att ske på nytt av markerat område.

Skapa en skrivrad motsvarande tidluckan

♦ **Gör så här**

1 Markera ett avsnitt längs tidsaxeln.

2 Gå till **Layout** | **Rows and Columns** | **Insert → Row** eller kortkommando [**Ctrl**] + [**Ins**].

Resultatet är en skrivrad motsvarande den markerade tidluckan, *Timespan*, och skrivutrymmet finns under *Content*.

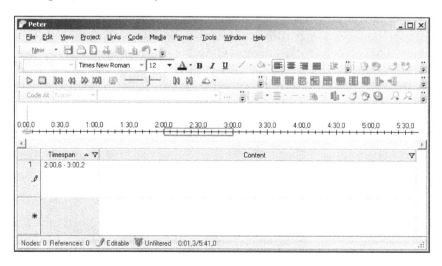

Skulle man behöva omdefiniera avsnittet längs tidsaxeln kan man göra så här:

♦ **Gör så här**
1 Markera den aktuella raden i utskriften. Aktuellt avsnitt på tidsaxeln blir färgmarkerat.
2 Markera ett nytt område på tidsaxeln (exempelvis större eller mindre).
3 Gå till **Media | Selection | Assign Timespan to Rows**.

På detta sätt kan man finjustera ett avsnitt längs tidsaxeln och samtidigt motsvarande rad i utskriften.

Som alternativ kan man också ändra direkt i tidsintervallet och sedan markera raden. Då färgas det nya området längs tidsaxeln och man har finjusterat för fortsatt arbete med kodning eller länkning.

♦ **Gör så här**
1 Markera den aktuella raden i utskriften. Aktuellt avsnitt på tidsaxeln blir färgmarkerat.
2 Gå till **Media | Selection | Select Media from Transcript**.

Skapa textrad under uppspelning - Play Mode Transcibe

♦ **Gör så här**
1 Gå till **Media | Playback | Play Mode → Transcribe**.
2 Spela upp och ange startpunkt med **Media | Playback | Start/Pause**
eller kortkommando [**F7**].
3 Ange slutpunkt med **Media | Playback | Stop**
eller kortkommando [**F8**].

Efter varje pause med [**F7**] eller motsvarande sker ny start genom att spelhuvudet stegar tillbaka motsvarande **File → Options**, fliken **Audio/Video** och inställningen vid *Skip back on play in transcribe mode*.

Resultatet är en skrivrad motsvarande intervallet från första Start till Stop men ingen markering längs tidsaxeln.

Om [**F11**] och [**F12**] används vid Play Mode Transcribet bildas både en textrad och en markering längs tidsaxeln. Start och stopp måste likväl skötas med [**F7**] och [**F8**].

Sammanfoga textrader

Ibland kan man behöva reducera antalet textrader. Då kan det vara bra att sammanfoga flera rader.

♦ **Follow These Steps**
1 Öppna en mediafil utan skrivskydd.
2 Markera två eller flera textrader genom att hålla ner [**Ctrl**] tangenten och klicka på skrivradernas nummer.
3 Gå till **Layout | Rows & Columns | Merge Rows**.

Den sammanslagna raden täcker nu hela intervallet.

Importera avskrift

Ofta när man har skapat sina avskrifter eller kommentarer som separata dokument är det en fördel att kunna importera materialet till avsett ställe i NVivo. De format som på detta sätt kan importeras är Timestamp, Paragraph och Table. Filformatet kan vara .DOC, .DOCX, .RTF eller .TXT.

Timestampformatet ser ut så här:

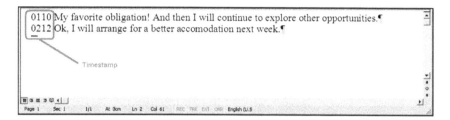

Styckeformatet ser ut så här:

Tabellformatet ser ut så här:

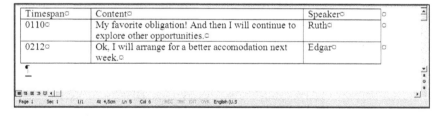

Själva importen går till så här:

♦ **Gör så här**
   1   Öppna det aktuella audioobjektet.
   2   Gå till **External Data | Import | Rows**.

Dialogrutan **Import Transcript Entries** visas:

3   Med knappen **[Browse]** söker man fram den fil som skall importeras.
4   Vid *Options, Create one transcript row for each* väljer man alternativ som motsvarar filformatet.

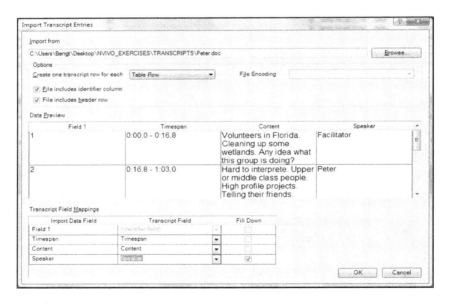

5   När Data Preview visar en korrekt bild återstår att ställa in Transcript Field Mappings så att man mappar indata mot de rätta kolumnerna i avskriften.
6   Avsluta med **[OK]**.

Lägg märke till att när ytterligare kolumner ingår i tabellformatet ovan skapas dessa vid importen och resultatet kan då se ut så här:

	Timespan	Content	Speaker
1	0:00,0 - 0:16,8	Volunteers in Florida. Cleaning up some wetlands. Any idea what this group is doing?	Facilitator
2	0:16,8 - 1:03,0	Hard to interprete. Upper or middle class people. High profile projects. Telling their friends.	Peter
3	1:03,0 - 1:23,5	Con is working with teenagers on a Youth center. Helping them with career choises.	Facilitator
4	1:23,5 - 2:03,0	Working with problematic teenagers is not very fun, but he thinks he can make a contribution to his society.	Peter

Det går också att dölja/visa skrivraderna på följande sätt:

◆ **Gör så här**
   1   Gå till **Media | Display | Transcript → Hide**.
Detta är en pendelfunktion.

Det går också att dölja/visa bildrutan i ett videoobjekt på följande sätt:

◆ **Gör så här**
   1   Gå till **Media | Display | Video Player**.
Detta är en pendelfunktion.

Videoobjekt kan visas så bildrutan och tidsaxeln ligger ovanför textraderna:

◆ **Follow These Steps**
   1   Öppna ett videoobjekt.
   2   Gå till **Media | Display | Transcript → Bottom**.

Kodning av mediaobjekt

Kodning av ett mediaobjekt kan göras för två dimensioner av materialet:

1. Hela skrivraden eller enstaka ord.
2. En tidlucka längs tidsaxeln.

Kodningsförfarandet är principiellt detsamma som för all annan kodning, dvs man markerar en text eller ett intervall som skall kodas och sedan väljer man vilken eller vilka noder som man kodar till. Vi hänvisar till kapitel 9, Om noder och kapitel 13, Kodning. Om man önskar koda en hel rad med kommentarer, så markerar man först hela raden (klicka i den vänstra kolomnen för aktuell rad) och sedan kan man t ex högerklicka och välja sin nod.

Om man i stället önskar koda längs tidsaxeln markerar man intervallet med lämplig metod och sedan väljer man nod på vanligt sätt (se kapitel 9, Om noder och kapitel 13, Kodning).

	Timespan ▲ ▽	Content ▽	Speaker ▽
2	0:16.8 - 1:03.0	Hard to interprete. Upper or middle class people. High profile projects. Telling their friends.	Peter
3	1:03.0 - 1:23.5	Con is working with teenagers on a Youth center. Helping them with career choises.	Facilitator
4	1:23.5 - 2:03.0	Working with problematic teenagers is not very fun, but he thinks he can make a contribution to his society.	Peter
5	2:03.0 - 2:10.5	What's his motivation?	Facilitator

Shadow Coding

Det som är lite speciellt med kodning av audiobjekt är den s.k. skuggkodningen (Shadow coding). Det betyder att när man kodar en text i en textrad så "skuggkodas" motsvarande intervall längs tidsaxeln och vice versa. Skuggkodningen visas samtidigt som övriga kodningslinjer visas, se vidare sidan 166. Normala kodlinjer är fyllda och skuggkodningen är genombruten (båda med samma färg). Audioobjektet ovan är kodat mot noderna Management och Public Service. Både skrivraden och tidluckan är kodade mot noden Management, varför vi då erhåller "dubbla" kodlinjer. Skuggkodningen har ingen annan betydelse än att tydliggöra kodningen då kodlinjerna visas. Skuggkodningen kan stängas av med **View | Coding | Shadow Coding**, som är en pendelfunktion.

Ibland kan man behöva göra en markering längs tidsaxeln med utgångspunkt i textraden och det sker på följande sätt:

♦ **Gör så här**
1 Öppna det aktuella mediaobjektet.
2 Markera den aktuella textraden.
3 Gå till **Media | Select | Select Media from Transcript**.

Då har man erhållit en exakt markering och kan nu spela upp, koda eller länka på de vanliga sätten.

Följande är ett praktiskt sätt att spela upp ett avsnitt motsvarande en viss textrad av mediaobjektet:

♦ **Gör så här**
1 Öppna det aktuella mediaobjektet.
2 Markera hela den aktuella textraden.
3 Gå till **Media | Selection | Play Transcript Media**.

Nu kommer enbart det aktuella avsnittet att spelas upp.

Om du vill öppna en nod, klicka på dess kodlinje och välj fliken
Audio till höger. Nu ser du både tidsaxeln och motsvarande textrad.
Vid uppspelning spelas enbart kodade avsnitt, som visas oskuggade.

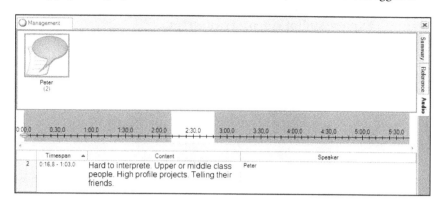

Om autokoding av avskrifter, se sidan 159.

Länkning av ett mediaobjekt

Ett mediaobjekt kan länkas (Memo länk, See also och Annotation) på
samma sätt som andra objekt i NVivo. Man kan dock inte skapa
Hyperlinks från ett audioobjekt. Länkar kan skapas från en markerad
tidlucka eller från en textrad.

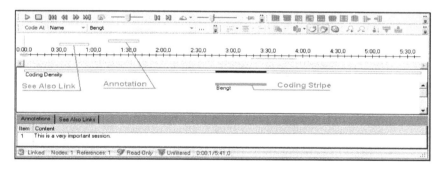

En Memo länk visas inte som länk utan den återfinns enbart i
objektlistan. En See Also länk eller en Annotation längs tidsaxeln
visas som en fylld rosa resp. fylld blå linje ovanför tidsaxeln medan
kodlinjerna finns under tidsaxeln. Se vidare kapitel 8, Memos, länkar
och fotnoter.

Exportera ett mediaobjekt

♦ **Gör så här**
1 Klicka på [**Sources**] i område (**1**).
2 Välj mappen **Internals** i område (**2**) eller undermapp.
3 Markera det eller de mediaobjekt i område (**3**) som du vill
   exportera.

4   Gå till **External Data | Export | Export →**
     Export Audio(Video)/Transcript...
     eller kortkommando **[Ctrl] + [Shift] + [E]**
     eller högerklicka och välj **Export →**
     Export Audio(Video)/Transcript...
Dialogrutan **Export Options** visas:

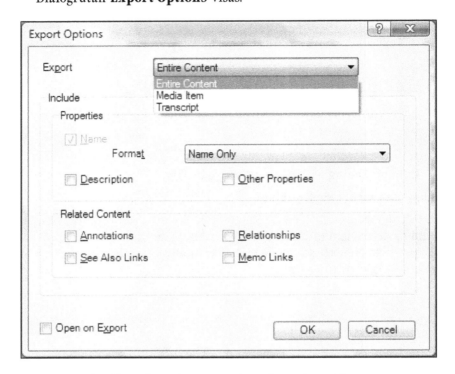

5   Välj tillämpliga alternativ. Som framgår av Export-
     alternativen kan man välja att exportera antingen
     mediafilen, textraderna eller båda. Bekräfta med **[OK]**.
6   Bestäm lagringsplats, filtyp (*.htm, *.html) och filnamn
     ("Filename"), bekräfta med **[Spara]**.
Om man väljer *Entire Content* blir resultatet blir en Webbsida där
bildfilen ligger i en mapp som heter "Filename_files". Om man
dessutom väljer *Open on Export* öppnas webbläsaren och resultatet
visas direkt.

- ♦ -

Utskrift av ett audioobjekt kan ske med vanligt **File → Print →**
Print eller kortkommando **[Ctrl] + [P]**. Då kan man skriva ut
textraderna, dess kodlinjer och några andra alternativ.

Ta bort ett mediaobjekt

♦ **Gör så här**

1 Klicka på [**Sources**] i område **(1)**.

2 Välj mappen **Internals** i område **(2)** eller undermapp.

3 Markera det eller de mediaobjekt i område **(3)** som du vill ta bort.

4 Använd [**Del**]-tangenten
eller gå till **Home** | **Editing** | **Delete**
eller högerklicka och välj **Delete**.

5 Bekräfta med [**Yes**].

7. HANTERA BILD-OBJEKT

NVivo 9 kan importera följande format för bild-filer: .BMP, .GIF, .JPG, .JPEG, .TIF och .TIFF.

Importera bildfiler

♦ **Gör så här**

1 Gå till **External Data | Import | Import Pictures**.
Standard lagringplats är mappen **Internals**.
Gå till punkt 5.

alternativt

1 Klicka på **[Sources]** i område **(1)**.
2 Välj mappen **Internals** i område **(2)** eller undermapp.
3 Gå till **External Data | Import | Import Pictures**
eller kortkommando **[Ctrl] + [Shift] + [I]**.
Gå till punkt 5.

alternativt

3 Peka på tom plats i område **(3)**.
4 Högerklicka och välj **Import Internals → Import Pictures...**
Dialogrutan **Import Internals** visas:

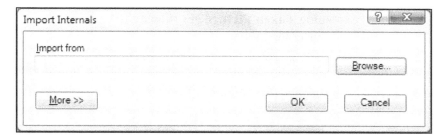

5 Med **[Browse...]** får man tillgång till en filbläddrare och kan välja en eller flera bildfiler för samtidig import.
6 När bildfiler valts bekräftar man med **[Öppna]**.
7 Slutligen efter att ha markerat önskade alternativ sker importen med **[OK]**.

När endast *en* bildfil importeras visas dialogrutan **Picture Properties**:

Här har man möjlighet att ändra namn på objektet och eventuellt skriva en beskrivning. Fliken **Picture** ger tillgång till detaljerade data från den importerade bilden:

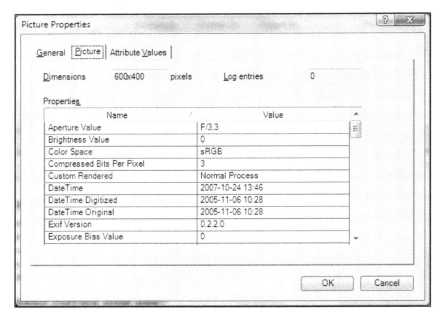

8   Avsluta med [**OK**].

Så här kan en lista i område **(3)** med några bildobjekt se ut:

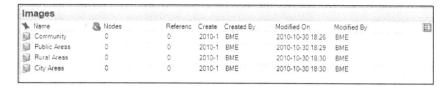

Öppna ett bildobjekt

♦ **Gör så här**

1 Klicka på **[Sources]** i område **(1)**.
2 Välj mappen **Internals** i område **(2)** eller undermapp.
3 Markera det bildobjekt i område **(3)** som du vill öppna.
4 Gå till **Home | Item | Open**
   eller kortkommando **[Ctrl] + [Shift] + [O]**
   eller högerklicka och välj **Open Picture...**
   eller dubbelklicka på bildobjektet i område **(3)**.

Ett öppnat bildobjekt kan se ut så här:

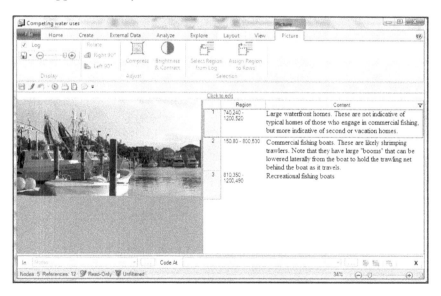

Hantering av bilder innebär bl a att ett visst område i bildytan (kallas Region) kan definieras och associeras till en skrivrad (kallas Picture Log). Såväl Region som Picture Log kan kodas och länkas.

Markera ett område i bildytan och skapa en skrivrad (Picture Log)

♦ **Gör så här**

1 Med vänster musknapp markeras ett hörn av den region som skall definieras, och sedan drar man markeringen till det diagonal motsatta hörnet och släpper knappen.

2 Gå till **Layout | Rows & Columns | Insert → Row** eller kortkommando **[Ctrl] + [Ins]**.

Resultatet är en ny skrivrad motsvarande det markerade området, Region, och skrivutrymmet finns under Content:

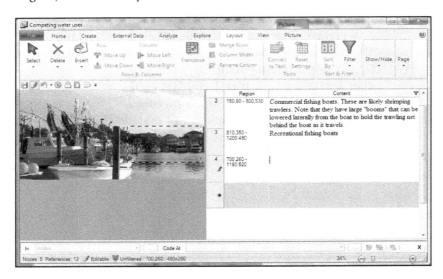

Skulle man behöva omdefiniera regionen i bildytan kan man göra så här:

♦ **Gör så här**

1 Markera den aktuella skrivraden i Picture Log. När man markerar en skrivrad färgas alltid motsvarande region i bildytan.

2 Markera ett nytt område i bilden (exempelvis justering av den färgade bildytan).

3 Gå till **Picture | Selection | Assign Region to Rows**.

På detta sätt kan man justera en region och samtidigt motsvarande skrivrad i Picture Log.

Som alternativ kan man också utgå från en skrivrad och därifrån markera motsvarande region i bildytan.

♦ **Gör så här**

1 Markera den aktuella skrivraden i Picture Log. När man markerar en skrivrad färgas alltid motsvarande region i bildytan.

2 Gå till **Picture | Selection | Select Region from Log**.

Det går också att dölja Picture Log på följande sätt:
- **Gör så här**
  1 Gå till **Picture | Display | Log**.
Detta är en pendelfunktion och resultatet kan se ut så här:

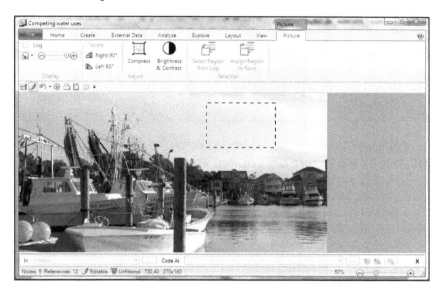

Redigering av bilder

NVivo 9 gör det möjligt att utföra vissa enkla redigeringar av bilder som importerats. Följande möjligheter finns som menyval när man öppnat ett bildobjekt:

Picture | Adjust | Rotate → Right 90°
Picture | Adjust | Rotate → Left 90°
Picture | Adjust | Compress
Picture | Adjust | Brightness & Contrast

Kodning av bildobjekt

Kodning av ett bildobjekt kan göras för en viss skrivrad eller ord i Picture Log, vald text eller en region i bildytan. Kodningsförfarandet är i princip detsamma som för all annan kodning, dvs man väljer vilket informationselement som skall kodas och sedan väljer vilken eller vilka noder som man kodar till. Vi hänvisar till kapitel 9, Om noder och kapitel 13, Kodning.

Om man önskar koda en hel rad i Picture Log så markerar man först hela raden (klicka i den vänstra kolumnen för aktuell rad) och sedan kan man högerklicka och välja nod.

Om man i stället (eller dessutom) önskar koda en region i bildytan markerar man regionen och sedan väljer man nod på vanligt sätt.

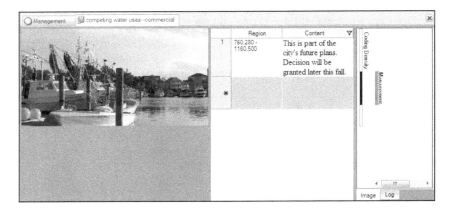

Vad gäller kodlinjer för bildobjekt så visas de alltid i ett fönster till vänster om Picture Log och med knapparna Image och Log visas kodlinjerna antingen i höjd med den kodade bildytan eller i höjd med skrivraderna.

I detta fall är både bildyta och skrivrad kodade varför vi då erhåller "dubbla" kodlinjer.

Ibland kan man behöva göra en markering i bildytan med utgångspunkt i en rad i Picture Log:

◆ **Gör så här**
1　Öppna det aktuella bildobjektet.
2　Markera aktuell rad i Picture Log.
3　Gå till **Picture → Select Region from Log**.

Då erhåller man en exakt markering i bildytan och man koda eller länka på de vanliga sätten:

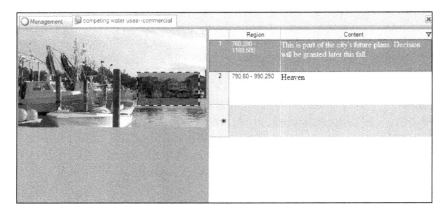

Vi vill också visa hur det ser ut när man öppnar noden Management. När man valt fliken Picture till höger ser man i detta fall både den kodade bildytan och den kodade raden i Picture Log.

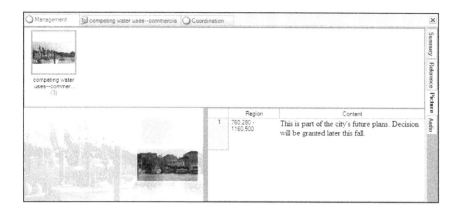

Länkning från ett bildobjekt

Ett bildobjekt kan länkas (Memo länk, See Also och Annotation) på samma sätt som andra objekt i NVivo. Man kan dock inte skapa Hyperlinks från ett bildobjekt. Länkar kan skapas från ett område i bildytan eller från Picture Log. En Memo länk visas inte som länk utan den återfinns enbart i objektlistan. En See Also länk eller en Annotation visas i bildytan som en rosa resp. blå ram:

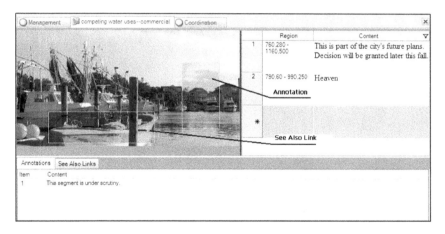

Se vidare kapitel 8, Memos, länkar och fotnoter.

Exportera ett bildobjekt

♦ **Gör så här**

1 Klicka på [**Sources**] i område (**1**).
2 Välj mappen **Internals** i område (**2**) eller undermapp.
3 Markera det eller de bildobjekt i område (**3**) som du vill
   exportera.
4 Gå till External **Data | Export | Export → Export
   Picture/Log**
   eller kortkommando [**Ctrl**] + [**Shift**] + [**E**]
   eller högerklicka och välj **Export → Picture/Log...**

Dialogrutan **Export Options** visas:

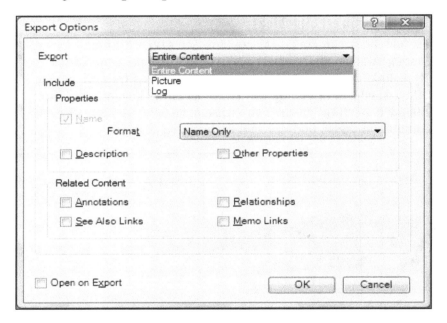

5 Välj tillämpliga alternativ. Som framgår av Export-
   alternativen kan man välja att exportera antingen bildfilen,
   textraderna eller båda. Bekräfta med [**OK**].
6 Bestäm lagringsplats, filtyp och filnamn ("Filename"),
   bekräfta med [**Spara**].

Om man väljer *Entire Content* blir resultatet blir en Webbsida där
bildfilen ligger i en mapp som heter "Filename_files". Om man
dessutom väljer *Open on Export* öppnas webbläsaren och resultatet
visas direkt.

- ♦ -

Utskrift av ett bildobjekt kan ske med vanligt **File → Print →
Print** eller kortkommando [**Ctrl**] + [**P**]. Då kan man skriva ut själva
bilden, textraderna, dess kodlinjer och några andra alternativ.

Ta bort ett bildobjekt

♦ **Gör så här**

1 Klicka på [**Sources**] i område (**1**).

2 Välj mappen **Internals** i område (**2**) eller undermapp.

3 Markera det eller de bildobjekt i område (**3**) som du vill ta bort.

4 Använd [**Del**]-tangenten
eller gå till **Home | Editing | Delete**
eller högerklicka och välj **Delete**.

5 Bekräfta med [**Yes**].

8. MEMOS, LÄNKAR OCH FOTNOTER

Arbeta med länkar i objektlistan

Memo Links, See Also Links, and Annotations (men inte Hyperlinkar) kan visas i område (3) som objekt.

♦ **Gör så här**
   1   Klicka på [**Folders**] i område (1).
   2   Välj någon av mapparna i område (2):
      Memo Links
      See Also Links
      Annotations
   Den valda mappen visar sitt innehåll som objekt i område (3).

   Om man väljer en **Memo Link** i område (3) och högerklickar visas en meny med alternativen Open Linked Item, Open Linked Memo eller Delete Memo link. Exportera och skriva ut hela objektlistan är också menyalternativ.

   Om man dubbelklickar en **See Also Link** i område (3) öppnas dialogrutan **See Also Link Properties**. Högerklick visar en meny med alternativen Open From Item, Open To Item eller Delete See Also Link. Exportera och skriva ut hela objektlistan är också menyalternativ.

   Om man dubbelklickar en **Annotation** i område (3) öppnas källobjektet med dess Annotation (fotnot) i område (4). Högerklick visar en meny med alternativen: Open Source och Delete Annotation. Exportera och skriva ut hela objektlistan är också menyalternativ.

Memos

Memos är vanligtvis anteckningar som har ungefär samma syfte som "gula lappar". Memos kan vara fältanteckningar som först skapats utanför NVivo. Varje sådant memo kan sedan länkas till ett visst källobjekt eller en nod. Ett memo kan dock ej länkas till ett annat memo. Som andra objekt kan man antingen importera filer som memos eller skapa dem i NVivo. Följande format kan importeras: .DOC, .DOCX, .RTF, .TXT och .PDF.

Importera Memos

◆ **Gör så här**

    1 Gå till **External Data | Import | Memos**.
        Standard lagringsplats är mappen **Memos**.
        Gå till punkt 5.

alternativt

    1 Klicka på **[Sources]** i område **(1)**.
    2 Välj mappen **Memos** i område **(2)** eller undermapp.
    3 Gå till **External Data | Import | Memos**
        eller kortkommando **[Ctrl]** + **[Shift]** + **[I]**.
        Gå till punkt 5.

alternativt

    3 Peka på tom plats i område **(3)**.
    4 Högerklicka och välj **Import Memos...**

Dialogrutan **Import Memos** visas:

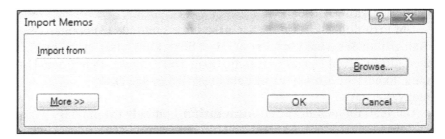

    5 Med **[Browse...]** får man tillgång till en filbläddrare och
        kan välja en eller flera dokument för samtidig import.
    6 När dokument valts bekräftar man med **[Öppna]**.

Med knappen [**More** >>] får man tillgång till flera alternativ:

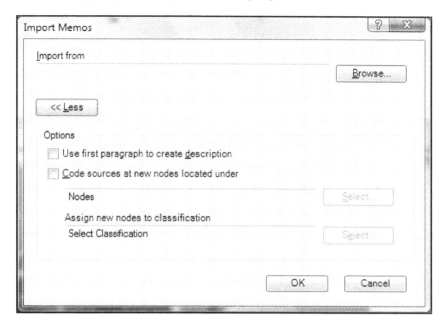

Use first paragraph to create description: Programmet kopierar första stycket i dokumentet och lägger det i textrutan Description.

Code sources at new nodes located under: Varje källobjekt blir kodat till en nod med källobjektets namn och placerat under den mapp och överliggande nod som valts. Vidare måste man ange en klassifikation för dessa noder. Se sidan 130 om Classification Sheets.

    7   Slutligen efter att ha markerat önskade alternativ sker importen med [**OK**].

Skapa nytt Memo

♦   **Gör så här**
    1   Gå till **Create | Sources | Memo**.
       Standard lagringsplats är mappen **Memos**.
       Gå till punkt 5.

alternativt
    1   Klicka på [**Sources**] i område (**1**).
    2   Välj mappen **Memos** i område (**2**) eller undermapp.
    3   Gå till **Create | Sources | Memo**
       eller kortkommando [**Ctrl**] + [**Shift**] + [**N**].
       Gå till punkt 5.

alternativt
    3   Peka på tom plats i område (**3**).
    4   Högerklicka och välj **New Memo...**

Dialogrutan **New Memo** visas:

5 Skriv namn (obligatoriskt) och eventuellt beskrivning, därefter [**OK**].

Så här kan en lista i område **(3)** med några memos se ut:

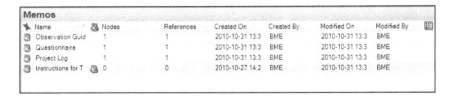

Öppna ett Memo

♦ **Gör så här**
1 Klicka på [**Sources**] i område **(1)**.
2 Välj mappen **Memos** i område **(2)** eller undermapp.
3 Markera det memo i område **(3)** du vill öppna.
4 Gå till **Home | Item | Open**
   eller kortkommando [**Ctrl**] + [**Shift**] + [**O**]
   eller högerklicka och välj **Open Memo...**
   eller dubbelklicka på dokumentet i område **(3)**.
Observera att det endast går att öppna ett memo i taget.

Skapa en länk från ett dokument till ett Memo - Memo Link

♦ **Gör så här**

1 I listan, område **(3)** markera det dokument eller objekt från vilket du vill skapa en länk till ett memo. Det går inte att skapa en ny länk om det redan finns en sådan.

2 Gå till **Analyze | Links → Memo Link → Link to Existing Memo...**

eller högerklicka och välj **Memo Link → Link to Existing Memo...**

Dialogrutan **Select Project Item** visas. Endast noteringar som inte redan länkats kan väljas, de övriga är gråade.

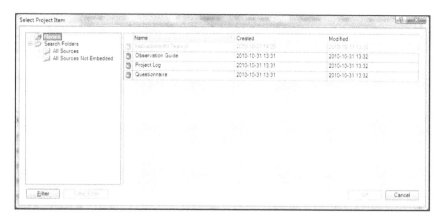

3 Välj det memo du vill länka till och avsluta med **[OK]**.

Länken visas i listan i område **(3)** med en symbol både för memot och för det dokument eller objekt som länkats.

Skapa en länk och ett Memo samtidigt

♦ **Gör så här**

1 I listan, område **(3)** markera det dokument eller objekt från vilket du vill skapa en länk till en nytt memo.

2 Gå till **Analyze | Links → Memo Link → Link to New Memo...**

eller kortkommando **[Ctrl] + [Shift] + [K]**

eller högerklicka och välj **Memo Link → Link to New Memo...**

Dialogrutan **New Memo** visas och man fortsätter som bekrivits på sidan 106.

Öppna ett Memo från en Memo Link

◆ **Gör så här**

1 I listan, område **(3)** markera det dokument eller objekt från vilket du vill öppna en Memo Link.

2 Gå till **Analyze | Links → Memo Link → Open Linked Memo**
eller kortkommando **[Ctrl] + [Shift] + [M]**
eller högerklicka och välj **Memo Link → Open Linked Memo**.

Ta bort en Memo Link

◆ **Gör så här**

1 I listan, område **(3)** markera det dokument eller objekt från vilket du ta bort en Memo Link.

2 Gå till **Analyze | Links → Memo Link → Delete Memo Link**
eller högerklicka och välj **Memo Link → Delete Memo Link**.

Dialogrutan **Delete Confirmation** visas:

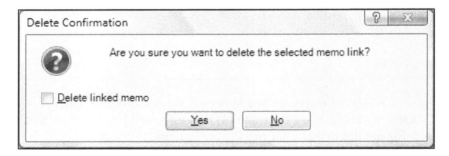

3 Om man väljer *Delete linked memo* tas även själva memot bort, annars bara länken. Bekräfta med **[Yes]**.

Ta bort ett Memo

◆ **Gör så här**

1 Klicka på **[Sources]** i område **(1)**.

2 Välj mappen **Memos** i område **(2)** eller undermapp.

3 Markera den eller de memos i område **(3)** som du vill ta bort.

4 Gå till **Home | Editing | Delete**
eller använd **[Del]**-tangenten
eller högerklicka och välj **Delete**.

5 Bekräfta med **[Yes]**.

Internlänkar – See Also Links

Internlänkar är länkar från ett visst avsnitt (text, bild) i ett objekt till hela eller visst avsnitt av ett annat objekt. Flera länkar kan peka på samma dokument, memo eller nod.

Skapa en internlänk till ett annat objekt

♦ **Gör så här**

1 Öppna det objekt varifrån du vill skapa en internlänk.
2 Markera det avsnitt (text, bild) varifrån du vill skapa denna länk.
3 Gå till **Analyze | Links → See Also Link → New See Also Link...**
   eller högerklicka och välj **Links → See Also Link → New See Also Link...**
   Dialogrutan **New See Also Link** visas:

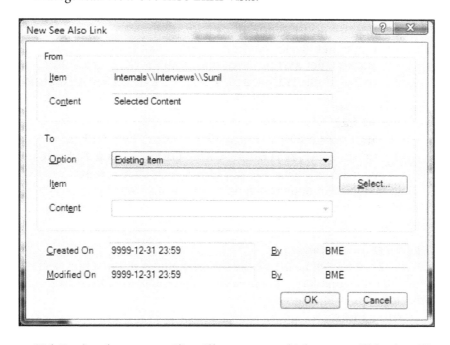

Vid **Option** kan man välja vilken typ av objekt man vill länka till. Väljer man någon av de objekt som börjar med New skapas nya objekt på samma sätt som beskrivs under respektive typ av objekt. Om man väljer *Existing Item* går man vidare med knappen [**Select...**] som öppnar dialogrutan **Select Project Item**. När man valt objekt går en sådan länk till hela målobjektet. Man avslutar med [**OK**].

Den internlänk man skapat visas som en rosa markering:

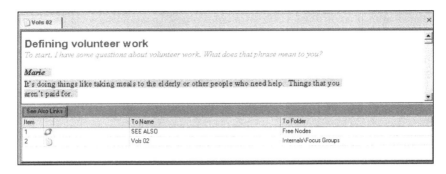

Skapa en internlänk till ett utvalt område i ett annat objekt

♦ **Gör så här**
1 Öppna det objekt som du vill länka till.
2 Markera det avsnitt (text, bild) som du skall länka till.
3 Kopiera med t ex **[Ctrl] + [C]**.
4 Öppna det objekt varifrån du vill länka från.
5 Markera det avsnitt (text, bild) som du vill länka från.
6 Gå till **Home | Clipboard | Paste → Paste As See Also Link**.

Öppna en internlänk

♦ **Gör så här**
1 Ställ markören på länken eller markera hela länken.
2 Gå till **Analyze | Links | Se Also Links → Open To Item**
eller högerklicka och välj **Links → Open To Item**.
Hela målobjektet öppnas och om man har använt alternativet
Selected Content visas det valda avsnittet med markering, annars
ingen markering.

Visa eller dölja internlänkar

Det går även att öppna ett särskilt fönster under dokumentet som
visar alla internlänkar som en objektlista. Genom att klicka på
objektet öppnas länken.

♦ **Gör så här**
1 Öppna det dokument som har internlänk eller internlänkar.
2 Gå till **View | Links | See Also Links**.
Detta är en pendelfunktion mellan att visa eller dölja
internlänksfönstret. Kommandot gäller för varje objekt för sig.

Öppna en externlänk

Under förutsättning att internlänken pekar på ett externt objekt kan
man direkt öppna dess externa källa (målfil eller webb-sajt). Det är
ofta en stor fördel att skapa sådana länkar jämfört med med att göra
hyperlänkar eftersom man kan reducera ändringsarbetet till att
omfatta endast ett externt objekt.

♦ **Gör så här**
 1 Ställ markören på länken eller markera hela länken.
 2 Gå till **Analyze | Links | See Also Links → Open Linked External File**
   eller högerklicka och välj **Links → Open Linked External File**.

Ta bort en internlänk
♦ **Gör så här**
 1 Ställ markören på länken eller markera hela länken.
 2 Gå till **Analyze | Links | See Also Link → Delete See Also Link**
   eller högerklicka och välj **Links → See Also Link → Delete See Also Link**.
 3 Bekräfta med [**Yes**].

Fotnoter – Annotations

Fotnoter i NVivo fungerar på ett annorlunda sätt än vanliga fotnoter i Word. Skillnaden är att NVivos fotnoter fungerar som en intern länk i dokumentet från ett avsnitt (text, bild) till en egen textruta. Fotnoterna är numrerade.

Skapa en fotnot
♦ **Gör så här**
 1 Öppna ett objekt (dokument, memo eller nod).
 2 Markera det textavsnitt du vill skall utgöra länk till en fotnot.
 3 Gå till **Analyze | Annotation → New Annotation...**
   eller högerklicka och välj **Links → Annotation → New Annotation**.

Nu öppnas ett nytt fönster där fotnoten kan skrivas. Själva länken visas som en ljusblå markering.

Visa eller dölja fotnoter
♦ **Gör så här**
 1 Öppna det dokument som har fotnot eller fotnoter.
 2 Gå till **View | Links | Annotations**.

Detta är en pendelfunktion mellan att visa eller dölja fotnoter. Kommandot gäller varje objekt var för sig.

♦ **Gör så här**
1 Ställ markören på fotnotslänken.
2 Gå till **Analyze | Annotation | Delete Annotation**
   eller högerklicka och välj **Links → Annotation → Delete**
   Annotation.
3 Bekräfta med [**Yes**].

Hyperlänkar – Hyperlinks

NVivo kan skapa länkar till externa källor på två sätt.
- Hyperlänkar från ett källobjekt.
- Externt objekt, se sidan 60.

Skapa en hyperlänk

♦ **Gör så här**
1 Markera en text eller en bild i ett icke skrivskyddat
   källobjekt.
2 Gå till **Analyze | Links | Hyperlink → New Hyperlink...**
   eller högerklicka och välj **Links → Hyperlink → New**
   Hyperlink...
Dialogrutan **New Hyperlink** visas:

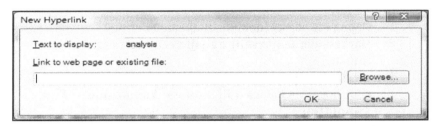

3 Klistra in en komplett webb-adress eller använd [**Browse...**]
   för att bläddra fram till en målfil i egen dator eller i ditt
   nätverk.
4 Bekräfta med [**OK**].
Länken i dokumentet blir understruken och blå.

Öppna en hyperlänk

Följande tre metoder finns för att öppna en hyperlänk:
♦ **Gör så här**
1 Ställ markören någonstans i länken.
2 Gå till **Analyze | Links | Hyperlink → Open Hyperlink**.
alternativt
♦ **Gör så här**
1 Peka på länken med muspekaren som då blir en pil.
2 Högerklicka och välj **Links → Hyperlink → Open**
   Hyperlink.

alternativt

- **Gör så här**
  1 Håll nere [**Ctrl**]-tangenten.
  2 Vänsterklicka på länken.

Detta senaste kommando kan ibland resultera i att den länkade filen (beroende av filtyp) öppnas minimerad. Då kan man antingen upprepa kommandot eller klicka på programknappen på Windows verktygsfält.

9. OM NODER

Noder är ett samlingsbegrepp för ett visst tema, plats, person eller intresseområde av de mest skilda slag. Noder kan betyda begrepp, processer, personer, tankar och idéer, produkter eller geografiska platser.

Noder får alltmer betydelse när arbetet framskrider genom att begreppen utvecklas och teorierna mognar.

Kanske minns många de manuella metoder som använts tidigare. Det var vanligt med fotostatkopiering, markeringar och utklipp. Texter kan sedan ha arkiverats bort i pärmar någonstans. När du använder en smart programvara som NVivo och vill samla data som hänger samman kommer i stället pekare samlas i noder. Data kan lätt samlas i en nod alltifrån en enskild bokstav till ett helt dokument.

Det finns många sätt att skapa noder i NVivo. I "flykten" eller "metodiskt". En del forskare vet på förhand vilka slags noder de behöver för sitt projekt. Dessa kan då skapa sina noder innan de bearbetar källmaterialet. Andra kan behöva börja med källmaterialet för att i detta finna begrepp och strukturer. Sättet att arbeta med noder kan i hög grad variera beroende på den valda metoden, forskningssituationen och den personliga läggningen.

Det är ofta en god idé att starta tidigt med några enstaka noder som du tror kan vara till nytta. När dessa väl finns kan du koda till dem och samla material om dem och komma igång med med kodningen. Dessa tidiga noder kan naturligtvis ändras eller tas bort senare i arbetet om de skulle visa sig inte fungera.

NVivo har utvecklat ett system för att ordna och klassificera såväl källobjekt som noder (se kapitel 10, Om Classifications).

Vi kommer att använda begreppen *Parent Node, Child Node* och *Aggregate* i fortsättningen.

Parent Node är närmast överliggande nod till sina *Child Nodes.*

Med *Aggregate* menas att en viss Parent Node innehåller den logiska summan av alla sina närmaste Child Nodes. Varje nod kan när som helst aktivera eller stänga av egenskapen Aggregate med omedelbar verkan. Funktionen finns i dialogrutan **New Node** eller **Node Properties**.

Skapa en nod

♦   **Gör så här**

1   Gå till **Create | Nodes | Node**.
    Standard lagringplats är mappen **Nodes**.
    Gå till punkt 5.

alternativt

1 Klicka på [Nodes] i område (1).
2 Välj mappen Nodes i område (2) eller undermapp.
3 Gå till Create | Nodes | Node
  eller kortkommando [Ctrl] + [Shift] + [N]
  Gå till punkt 5.

alternativt
3 Peka på tom plats i område (3).
4 Högerklicka och välj New Node...
Dialogrutan New Node visas:

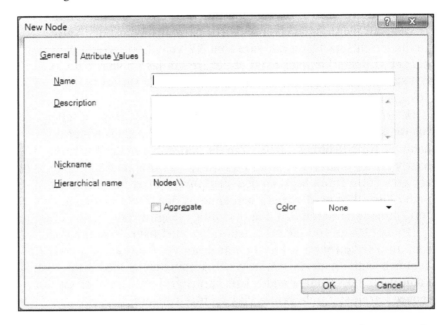

5 Skriv namn (obligatoriskt) och eventuellt alias (Nickname)
  och beskrivning, därefter [OK].
Så här kan en lista i område (3) med några noder se ut:

Ta bort en nod

◆ **Gör så här**
1 Klicka på [Nodes] i område (1).
2 Välj mappen Nodes i område (2) eller undermapp.
3 Markera den eller de noder i område (3) som du vill ta bort.

4   Gå till **Home** | **Editing** | **Delete**
eller använd **[Del]**-tangenten
eller gå till **Edit → Delete**
eller högerklicka och välj **Delete**.

5   Bekräfta med [**Yes**].

Bygga hierarkiska nodstrukturer

Noder kan organiseras hierarkiskt. Då skapas överordnade och underordande noder i flera nivåer. Detta påminner om en strukturerad terminologi på samma sätt som exempelvis MeSH termer används av databasen MEDLINE/PubMed.

Skapa en Child Node

♦   **Gör så här**

1   Klicka på [**Nodes**] i område (**1**).

2   Välj mappen **Nodes** i område (**2**) eller undermapp.

3   Markera den nod vars Child Node du vill skapa.

4   Gå till **Create** | **Nodes** | **Node**
eller kortkommando [**Ctrl**] + [**Shift**] + [**N**]
eller högerklicka och välj **New Node...**

Dialogrutan **New Node** visas.

5   Skriv namn (obligatoriskt) och eventuellt alias (Nickname) och beskrivning, därefter [**OK**].

Man kan även flytta sina noder efteråt i listan, område (**3**) med drag och släpp eller klippa ut och klistra in.

Så här kan en lista i område (**3**) med några hierarkiska noder se ut:

Tree Nodes			
Name	Sources	References	Created On
⊞ Topics - Interviews	0	0	2006-02-16 03:46
⊞ Topics - Focus Groups	0	0	2006-02-16 03:46
⊟ time	0	0	2006-02-16 03:38
Name	Sources	References	Created On
time as money	5	5	2006-02-16 03:38
taking time	2	3	2006-02-16 03:38
'spare' time	5	8	2006-02-16 03:38

Underliggande poster i listan kan öppnas eller stängas genom att klicka på + eller – symbolerna, men också genom att använda **View** | **List View** | **List View→ Expand All (Selected) Nodes/ Collapse All (Selected) Nodes**. En användbar funktion är att visa rubriker för underliggande poster. Det gör det möjligt att ändra bredden på kolumnerna. Använd **View** | **List View** | **List View → Child Node Headers** som är en pendelfunktion.

När man tar bort en nod i en struktur tar man också bort alla underliggande noder (Child Nodes).

♦ **Gör så här**

1   Klicka på [**Nodes**] i område (**1**).

2   Välj mappen **Nodes** i område (**2**) eller undermapp.

3   Markera den eller de noder i område (**3**) som du vill ta bort.

4   Gå till **Home** | **Editing** | **Delete**
    eller använd [**Del**]-tangenten
    eller högerklicka och välj **Delete**.

5   Bekräfta med [**Yes**].

Relationsnoder – Relationships

Relationsnoder är noder som visar hur två objekt befinner sig i förhållande till varandra, t ex *Fattigdom* påverkar *Folkhälsan*. Data som styrker den tesen kan då kodas från den relationsnoden.

De olika typerna av relationsnoder definieras av projektägaren och lagras i mappen **Relationship Types** under [**Classifications**]. När man skapar en ny typ av relationsnod skall man ange om den är associativ, enkelriktad eller dubbelriktad.

Mappen Relationships kan inte ha undermappar och man kan ej heller inordna dessa noder hierarkiskt och ej applicera Classifications.

Först måste man skapa några relationstyper.

♦ **Gör så här**

1   Gå till **Create** | **Classifications** | **Relationship Type**
    Standard lagringplats är mappen **Relationship Types**.
    Gå till punkt 5.

alternativt

1   Klicka på [**Classifications**] i område (**1**).

2   Välj en mappen **Relationship Types** i område (**2**).

3   Gå till **Create** | **Classifications** | **Relationship Type**
    eller kortkommando [**Ctrl**] + [**Shift**] + [**N**].
    Gå till punkt 5.

alternativt

3   Peka på tom plats i område (**3**).

4   Högerklicka och välj **New Relationship Type...**

Dialogrutan **New Relationship Type** visas:

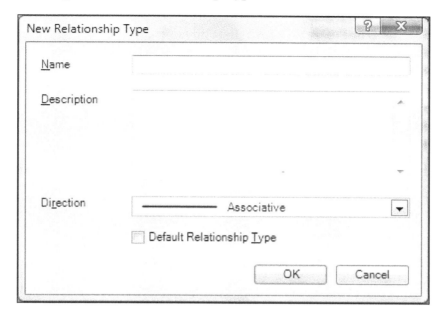

5   Välj *Associative, One Way* eller *Symmetrical* från listrutan vid **Direction**.

6   Skriv namn (obligatoriskt) och eventuellt beskrivning, därefter **[OK]**.

Så här kan en lista i område (**3**) med några relationstyper se ut:

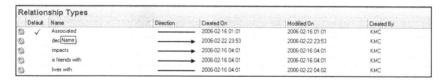

Ta bort en relationstyp

♦   **Gör så här**

1   Klicka på **[Classifications]** i område (**1**).

2   Välj mappen **Relationship Types** i område (**2**).

3   Markera den eller de relationstyper i område (**3**) du vill ta bort.

4   Gå till **Home | Editing | Delete**
    eller använd **[Del]**-tangenten
    eller högerklicka och välj **Delete**.

5   Bekräfta med **[Yes]**.

Skapa en relationsnod

◆ **Gör så här**

1 Gå till **Create | Nodes | Relationships**.
Standard lagringsplats är mappen **Relationships**.
Gå till punkt 5.

alternativt

1 Klicka på [**Nodes**] i område (**1**).
2 Välj en mappen **Relationships** i område (**2**).
3 Gå till **Create | Nodes | Relationships**
eller kortkommando [**Ctrl**] + [**Shift**] + [**N**].
Gå till punkt 5.

alternativt

3 Peka på tom plats i område (**3**).
4 Högerklicka och välj **New Relationship...**
Dialogrutan **New Relationship** visas:

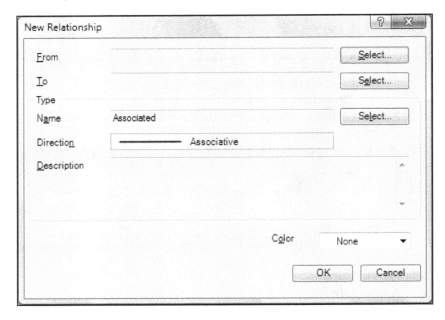

Här måste man tänka på att detta skall vara en relation från ett
objekt till ett annat objekt.

5 Använd [**Select...**]-knapparna för att finna de objekt som
skall knytas samman av denna nod.

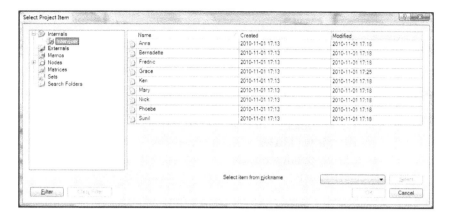

6   Markera ett från-objekt och ett till-objekt.
    Bekräfta med [**OK**].
7   Välj relationstyp med [**Select...**] under **Type**.
Då kan det se det se ut så här:

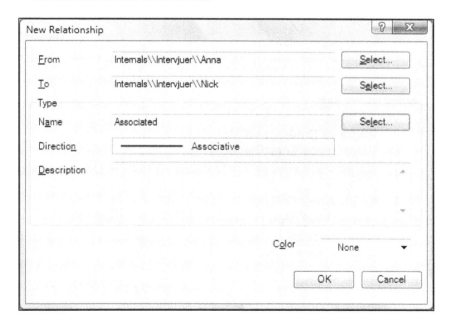

8   Bekräfta med [**OK**].
Så här kan en lista i område (**3**) med några relationsnoder se ut:

Relationships									
From Na	From Folder	Type	To Name	To Folder	Direction	Source	Referenc	Created	Modified
Anna	Cases	lives with	Sunil	Cases	——	0	0	2006-02-	2006-02-
Bernadette	Cases	is friends wit	Ken	Cases	——→	0	0	2006-02-	2006-02-
Ken	Cases	is friends wit	Bernadette	Cases	——→	0	0	2006-02-	2006-02-
time\Jack o	Tree Nodes	decreases	Motivation	Free Nodes	——→	3	8	2006-02-	2006-02-
Annette	Cases	Associated	personal goa	Tree Nodes	——	0	0	2007-01-	2007-01-

Visa en relation

◆ **Gör så här**

1 Öppna ett objekt i område **(3)** som har en relation.
2 Gå till **View | Links → Relationships**
som är en pendelfunktion.

Nu öppnas ett fönster nertill där relationerna visas som objekt.

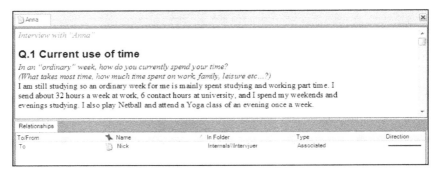

Ta bort en relationsnod

◆ **Gör så här**

1 Klicka på **[Nodes]** i område **(1)**.
2 Välj mappen **Relationships** i område **(2)**.
3 Markera den eller de relationsnoder i område **(3)** som du
vill ta bort.
4 Gå till **Home | Editing | Delete**
eller använd **[Del]**-tangenten
eller högerklicka och välj **Delete**.
5 Bekräfta med **[Yes]**.

10. OM CLASSIFICATIONS

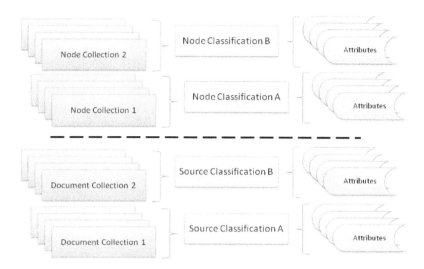

Node and Source Classifications

Noder, klassifikationer och attribut förhåller sig till varandra på följande sätt.

Källor är objekt som innehåller primär- eller sekundärdata. Kan vara i form av dokument, audio-, video- eller bildobjekt.

Noder representar ett ämnesområde, ett fenomen, en företeelse, en idé eller värdering eller en röst eller varje annan abstraktion eller konkretisering.

Attribut representerar egenskaper för en nod eller ett källobjekt eller en nod och dessa egenskaper har eller kommer att ha betydelse vid analys av data. Varje sådant attribut har ett antal fasta *värden*.

Klassifikation är för NVivo ett begrepp som innebär att en bestämd uppsättning attribut tillämpas för vissa noder eller källobjekt.

Node Classifications

Exempel. En studie gäller både elever, lärare, politiker och skolor. Det finns anledning att skapa individuella noder för var och en av dessa fyra grupper. Attribut för elever skulle kunna vara: Ålder, kön, klass, antal syskon, social klasstillhörighet.

Attribut för lärare skulle kunna vara: Ålder, kön, utbildning, antal år i yrket, undervisningsämnen.

Attribut för politiker skulle kunna vara: Ålder, kön, politikerprofil, partitillhörighet, antal år som politiker, annan profilering.

Attribut för skolor skulle kunna vara: Storlek, ålder, kommunstorlek, kommuns politiska majoritet.

Då kan man se att varje grupp av dessa fyra noder behöver sin egen uppsättning av attribut och på så sätt definerar man en klassifikation som ett samlingsbegrepp för attribut som tillämpas på en viss grupp av noder.

Source Classifications

Vid utvecklandet av NVivo har man kommit fram till att även källobjekt har motsvarande behov av attribut, värden och därmed även klassifikationer som definieras på motsvarande sätt. Som exempel kan man nämna att vid intervjuer kan behovet av attribut vara vissa tidpunkter vid longitudinella studier, land och plats och vid litteraturstudier kan behovet av attribut vara tidskriftsnamn, studietyp, källans nyckelord, publiceringstidpunkt, författarnamn etc.

Därmed talar vi om Node Classifications och Source Classifications. Till att börja med skall vi se hur NVivo skapar sådana klassifikationer och hur klassifikationer knyts till noder och ges individuella värden.

Attribut kan inte skapas utan att det finns en klassifikation. Vi exemplifierar med Node Classifications men proceduren är densamma när det gäller Source Classifications.

Skapa ny klassifikation

♦ **Gör så här**

1 Gå till **Create | Classifications | Node Classification**
Standard lagringsplats är mappen **Node Classifications**.
Gå till punkt 5.

alternativt

1 Klicka på [**Classfications**] i område (**1**).
2 Välj mappen **Node Classifications** i område (**2**).
3 Gå till **Create | Classifications | Node Classification**
eller kortkommando [**Ctrl**] + [**Shift**] + [**N**].
Gå till punkt 5.

alternativt

3 Peka på tom plats i område (**3**).
4 Högerklicka och välj **New Classification...**

Dialogrutan **New Classification** visas:

Här kan man välja om man vill skapa en helt ny klassifikation eller använda någon av NVivos mallar.

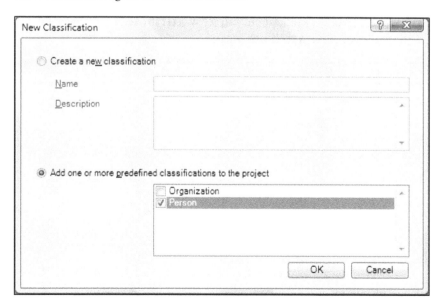

5   Gör detta val t ex *Person* och därefter [**OK**].

När vi valt att använda mallen Person ser resultatet ut så här i område (3):

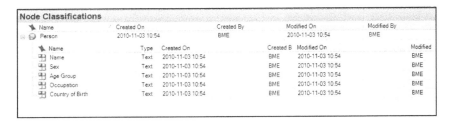

Node Classifications						
Name		Created On	Created By	Modified On		Modified By
Person		2010-11-03 10:54	BME	2010-11-03 10:54		BME
Name	Type	Created On		Created B	Modified On	Modified
Name	Text	2010-11-03 10:54		BME	2010-11-03 10:54	BME
Sex	Text	2010-11-03 10:54		BME	2010-11-03 10:54	BME
Age Group	Text	2010-11-03 10:54		BME	2010-11-03 10:54	BME
Occupation	Text	2010-11-03 10:54		BME	2010-11-03 10:54	BME
Country of Birth	Text	2010-11-03 10:54		BME	2010-11-03 10:54	BME

De attribut som skapats med hjälp av dessa mallar har till att börja med inga andra värden än *Unassigned* och *Not Applicable*.

Givetvis kan man skapa nya attribut och ta bort några av de man inte behöver.

Skapa nytt attribut

♦ **Gör så här**

1 Klicka på [**Classfications**] i område (1).

2 Välj mappen **Node Classifications** i område (2).

3 Välj en viss klassifikation i område (3).

4 Gå till **Create | Classifications | Attributes**
eller kortkommando [**Ctrl**] + [**Shift**] + [**N**]
eller högerklicka och välj **New Attribute...**

Dialogrutan **New Attribute** visas:

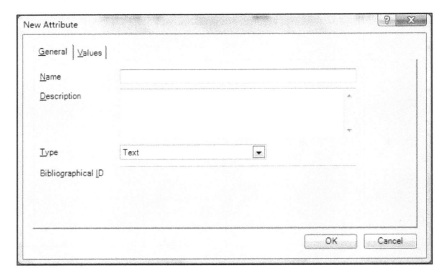

5 Skriv namn och eventuellt en beskrivning, bestäm attribute type (Text, Integer, Decimal, Date/Time, Date, Time eller Boolean), därefter [**OK**].

Man kan också ange vilken uppsättning värden attributet skall ha. Det görs antingen i dialogrutan **New Attribute** eller i dialogrutan **Attribute Properties**, fliken **Values**:

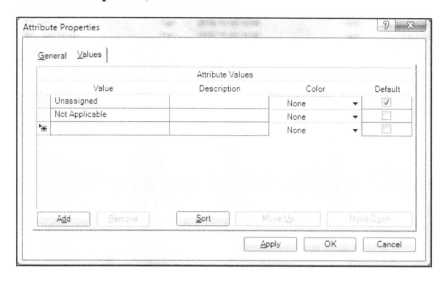

6 Med knappen [**Add**] skapas en textrad där alla nödvändiga värden anges. Bekräfta med [**OK**].

Nu återstår att tilldela en viss nod en viss klassifikation.

♦ **Gör så här**
  1 Markera en eller flera noder som skall tilldelas en viss klassifikation.
  2 Högerklicka och välj **Classification** → <**namn**>.

Alternativt, om man bara väljer att markera en nod:

♦ **Gör så här**
  1 Markera den nod som skall tilldelas en viss klassifikation.
  2 Högerklicka och välj **Node Properties** eller kortkommando [**Ctrl**] + [**P**].

Dialogrutan **Node Properties** visas:

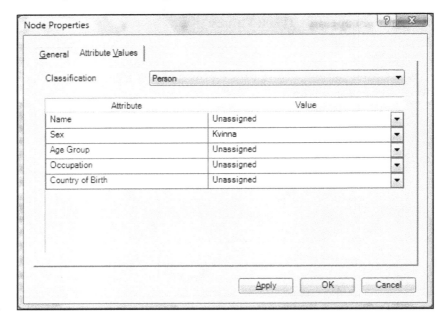

3   Använd fliken **Attribute Values**. I rullisten vid
    Classification har man tillgång till alla klassifikationer
    som definierats i projektet. Välj den som skall användas.
4   I kolumnen *Value* kan anger man det eller de individuella
    värden som gäller den aktuella noden.
5   Avsluta med [**OK**].

Sambandet mellan noder alt. källobjekt och attribut brukar kunna
sammanfattas i en matris som kallas Classification Sheets. Det är en
matris där rader representar noder alt. källobjekt som tillhör en viss
klassifikation och kolumnerna representerar attributen och i
cellerna finns resp. värde. Ett Classification Sheet motsvarar alltså
det som i NVivo 8 kallades Casebook och har samma egenskaper för
import och export av data.

Ta bort en klassifikation eller ett attribut

◆   **Gör så här**
    1   Klicka på [**Classifications**] i område (**1**).
    2   Välj mappen **Source Classifications** eller **Node
        Classifications** i område (**2**).
    3   Välj den klassifikation eller det attribute i område (**3**) som
        du vill ta bort. Tar du bort en klassifikation tar du också
        bort dess attribut.

4   Använd [**Del**] tangenten
    eller gå till **Home | Editing | Delete**
    eller högerklicka och välj **Delete**.
5   Bekräfta med [**Yes**].

Öppna Classification Sheet

◆   **Gör så här**
1   Gå till **Explore | Classification Sheets → Node
    Classification Sheets → <Namn >**.
alternativt
1   Markera aktuell klassifikation i område (**3**).
2   Högerklicka och välj **Open Classification Sheet**.
Resultatet kan se ut så här:

Person	A : Age Group	B : Country	C : Ever done ...	D : Gender	E : Current pai...	F : Education
1 : Anna	20-29	Aust	Yes	Female	Student	Tertiary
2 : Bernadette	60+	Aust	Yes	Female	Retired	Secondary
3 : Fredric	30-39	Aust	Yes	Male	Management Con	Tertiary
4 : Grace	20-29	Aust	Yes	Female	Marketing	Tertiary
5 : Kalle	60+	Aust	No	Male	Retired	Secondary
6 : Ken	50-59	Aust	Yes	Male	Retired	Secondary
7 : Mary	60+	Aust	Yes	Female	Retired	Secondary
8 : Nick	30-39	Aust	Yes	Male	IT	Tertiary
9 : Peter	30-39	Aust	No	Male	Marketing	Tertiary
10 : Phoebe	30-39	Aust	Yes	Female	Teacher	Tertiary
11 : Sunil	20-29	Aust	Yes	Male	Software Consult	Tertiary

Man kan göra mycket med ett Classification Sheet: importera,
exportera, ändra format, redigera etc.

Exportera Classification Sheets

Man kan exportera Classification Sheet som tabbavgränsad textfil.
◆   **Gör så här**
1   Markera den klassifikation i område (**3**) som du vill
    exportera.
2   Gå till **External Data | Export → Export Classfication
    Sheets...**

Dialogrutan **Export Classification Sheets** visas:

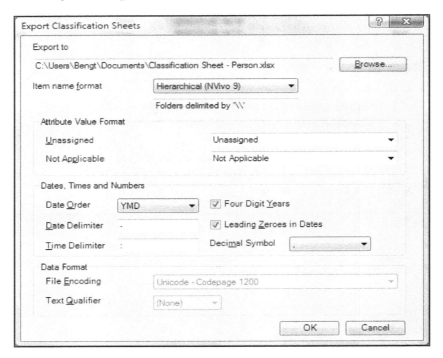

Med knappen [**Browse...**] kan man bestämma var den exporterade filen skall lagras samt om det skall vara en Excel-fil eller en tabbavgränsad textfil.

3 Bekräfta med [**OK**].

Importera Classification Sheets

Det går även bra att importera en tabbavgränsad textfil som kan ha sitt ursprung i ett annat projekt eller i ett Excel-ark. Vid import skapas alla noder och attribut och värden om de inte redan finns.

♦ **Gör så här**

1 Gå till **External Data | Import | Import Classification Sheets**
eller klicka på [**Classifications**] i område (**1**), peka på område (**3**), högerklicka och välj **Import Classification Sheets...**

Guiden **Import Classification Sheets Wizard – Step 1** visas:

2   Med knappen [**Browse**] bläddrar man sig fram till den fil
      som skall importeras.
3   Klicka på [**Next**].

Guiden **Import Classification Sheets Wizard – Step 2** visas:

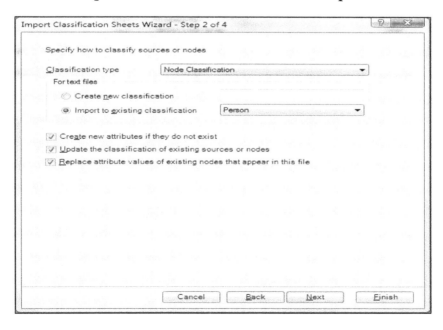

Här kan man välja om man vill skapa en ny klassifikation eller använda en existerande.

Create new attributes if they do not exist skapar nya attribut till den klassifikation som valts.

Update the classification of existing sources or nodes byter klassifikation på de noder eller källobjekt som tidigare fanns i den valda mappen.

Replace attribute values of existing nodes that appear in this file avgör om importerade värden skall ersätta existerande.

5   Klicka på **Next**].

Guiden **Import Classification Sheets Wizard - Step 3** visas:

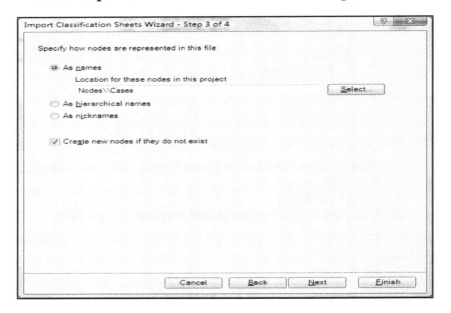

6   Här bestämmer man var noderna skall lokaliseras efter importen.

7   Klicka på [**Next**].

Guiden **Import Classification Sheets Wizard** - **Step 4** visas:

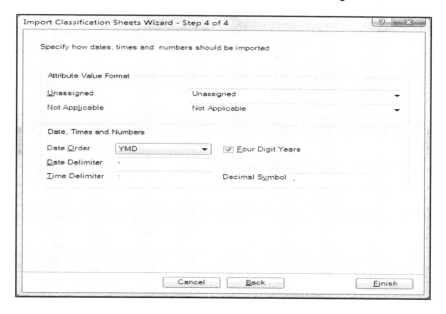

8   Här kan man bestämma hur ospecificerade värden och
    tidsangivelser skall återges.
9   Avsluta med [**Finish**].

Visa/dölja radnummer (pendelfunktion)
♦   **Gör så här**
    1   Öppna ett **Classification Sheet**.
    2   Gå till **Layout | Show/Hide | Row IDs**
        eller högerklicka och välj **Row → Row IDs**.

Dölja rader
♦   **Gör så här**
    1   Öppna ett **Classification Sheet**.
    2   Markera en eller flera rader som du vill dölja.
    3   Gå till **Layout | Show/Hide | Hide Row**
        eller högerklicka och välj **Row → Hide Row**.

Visa/dölja rader med filterfunktionen
♦   **Gör så här**
    1   Öppna ett **Classification Sheet**.
    2   Klicka på "tratten" i ett visst kolumnhuvud
        eller markera en kolumn och gå till **Layout | Sort & Filter |
        Filter → Filter Row**.

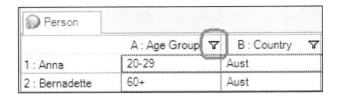

Dialogrutan **Classification Filter Options** visas:

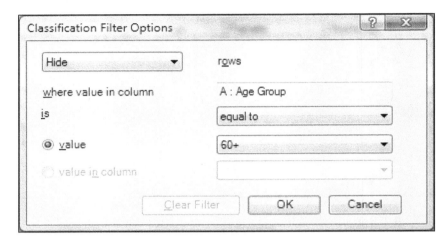

3 Välj värde och operand som skall gälla för visa eller dölja.
   Bekräfta med **[OK]**. När du använt ett filter blir tratten *röd*.
För att återställa ett sådant filter använder man **[Clear Filter]** i
dialogrutan **Classification Filter Options**.

Visa dolda rader

♦ **Gör så här**
  1 Öppna ett **Classification Sheet**.
  2 Markera en rad på var sida om den dolda rad du vill visa.
  3 Gå till **Layout | Show/Hide | Unhide Row**
     eller högerklicka och välj **Row → Unhide Row**.

Visa alla dolda rader

♦ **Gör så här**
  1 Öppna ett **Classification Sheet**.
  2 Gå till **Layout | Sort & Filter | Filter → Clear All Row
     Filters**
     eller högerklicka och välj **Row → Clear All Row Filters**.

Visa kolumnbokstav (pendelfunktion)

♦ **Gör så här**
  1 Öppna ett **Classification Sheet**.
  2 Gå till **Layout | Show/Hide | Column IDs**
     eller högerklicka och välj **Column → Column IDs**.

Dölja kolumner
♦ **Gör så här**

1 Öppna ett **Classification Sheet**.
2 Markera en eller flera kolumner som du vill dölja.
3 Gå till **Layout | Show/Hide | Hide Column**
eller högerklicka och välj **Column → Hide Column**.

Visa dolda kolumner
♦ **Gör så här**

1 Öppna ett **Classification Sheet**.
2 Markera en kolumn på var sida om den dolda kolumn du vill visa.
3 Gå till **Layout | Show/Hide | Unhide Column**
eller högerklicka och välj **Column → Unhide Column**.

Visa alla dolda kolumner
♦ **Gör så här**

1 Öppna ett **Classification Sheet**.
2 Gå till **Layout | Sort & Filter | Filter → Clear All Column Filters**
eller högerklicka och välj **Column → Clear All Column Filters**.

Transponera tabellen (pendelfunktion)
Detta innebär att rader och kolumner byter plats.
♦ **Gör så här**

1 Öppna ett **Classification Sheet**.
2 Gå till **Layout | Transpose**
eller högerklicka och välj **Transpose**.

Flytta en kolumn åt vänster eller höger
♦ **Gör så här**

1 Öppna ett **Classification Sheet**.
2 Markera den eller de kolumner du vill flytta. Om du vill flytta mer än en kolumn samtidigt måste de vara närbelägna.
3 Gå till **Layout | Rows & Columns | Column → Move Left/Move Right**.

Återställa hela tabellen
♦ **Gör så här**

1 Öppna ett **Classification Sheet**.
2 Gå till **Layout | Tools | Reset Settings**
eller högerklicka och välj **Reset Settings**.

11. HANTERA BIBLIOGRAFISKA DATA

Detta avsnitt handlar om import av data från litteraturreferenser som ligger lagrade i vissa utvalda programvaror för referenshantering. De format som kan importeras är .XML för EndNote, .RIS för Zotero och RefWorks.

Vi exemplifierar med data som exporterats från EndNote.

Importera bibliografiska data

♦ **Gör så här**

1 Välj ut och markera de referenser från EndNote du vill exportera. I EndNote gå till **File → Export...** I dialogrutan som följer är det och viktigt att välja filtyp XML och markera *Export Selected References.* Bestäm filnamn och lagringsplats.

2 I NVivo gå till **External Data | Import | Bibliographic Data.** Med filbläddraren leta fram den fil som skall importeras. Klicka på [**Öppna**].

Dialogrutan **Import Bibliographic Data** visas:

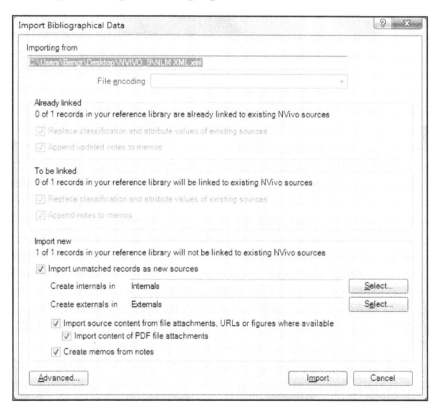

Om referenserna icke existerar i NVivo sedan tidigare är avsnitten *Already linked* och *To be linked* gråade.

I avsnittet Import new finns flera alternativ:

- *Import unmatched records as new sources* innebär att posterna som importerar ett innehåll med något av alternativen som följer lagras som Internals och övriga poster blir Externals.
- *Import source content from file attachments, URLs or figures where available* innebär att filbilagor, URLs eller figurer kommer att importeras till källobjektet.
- *Import content of PDF file attachments* innebär att bifogade PDF filer kommer att importeras till källobjektet.
- *Create memos from notes* innebär att innehållet i Notes-fältet i EndNote-referensen kommer att återges i form av ett nytt memo länkat till källobjektet.

Knappen [**Advanced**] ger tillgång till följande lista av poster, där det går att individuellt välja om data skall uppdateras eller om Notes-fältet skall importeras:

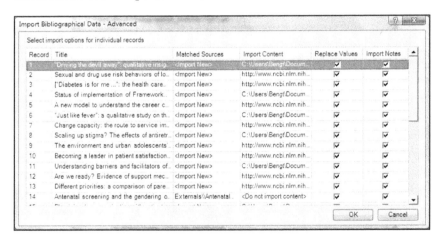

3   Bekräfta med [**OK**] och sedan med [**Import**].

Den vanligaste lagringplatsen för en PDF i ett EndNote-bibliotek är som en sk *relativ länk* som innebär att PDF:en ligger lagrad i en given mappstruktur under själva biblioteket, .ENL.

Om PDF:en i stället lagras som *absolut länk* och behåller sin ursprungliga lagringsplats i egen dator eller inom eget LAN kommer posten att bilda ett externt objekt som länkas till PDF:en.

Fördelen är att man når filen i originalskick med sin rätta layout och nackdelen är att en extern PDF inte kan kodas.

Då bibliografiska data importeras på detta sätt skapas förutom interna och externa källobjekt även klassifiktioner och attribut.

För varje referensslag (Reference Type) i EndNote bildas en klassifikation och referensslagets olika fält kommer att bilda attribut. För varje referenspost bildar innehållet i ett fält attributets värde. Alla fält kommer att representeras utom fältet Abstract som i stället överförs till Description för objektet.

Source Classifications					
Name	Created On	Created By	Modified On	Modified By	
Journal Article	2010-11-05 09:31	BME	2010-11-05 12:29	BME	

Name	Type	Created On	Create	Modified On	Modified
Author	Text	2010-11-05 09:31	BME	2010-11-05 09:31	BME
Year	Text	2010-11-05 09:31	BME	2010-11-05 09:31	BME
Title	Text	2010-11-05 09:31	BME	2010-11-05 09:31	BME
Journal	Text	2010-11-05 09:31	BME	2010-11-05 09:31	BME
Volume	Text	2010-11-05 09:31	BME	2010-11-05 09:31	BME
Issue	Text	2010-11-05 09:31	BME	2010-11-05 09:31	BME
Pages	Text	2010-11-05 09:31	BME	2010-11-05 09:45	BME
Start Page	Text	2010-11-05 09:31	BME	2010-11-05 09:45	BME

Exportera bibliografiska data

Det går att exportera bibliografiska data från NVivo till referenshanteringsprogram. Export till EndNote använder XML-format och export till Zotero och RefWorks använder .RIS-format.

♦ **Gör så här**
1 Klicka på [**Sources**] i område (**1**).
2 Välj mappen **Internals** eller **Externals** i område (**2**) eller undermapp med de källobjekt som skall exporteras.
3 Markera det eller de källobjekt i område (**3**) som skall exporteras.
4 Gå till **External Data | Export | Export → Export Bibliographical Data** eller högerklicka och välj **Export → Export Bibliographical Data**.

Alternativt kan man också exportera data från klassifiktionen.

♦ **Gör så här**
1 Klicka på [**Classifications**] i område (**1**).
2 Välj mappen **Source Classifications** i område (**2**).
3 Markera den eller de klassifikationer i område (**3**) som skall exporteras.
4 Gå till **External Data | Export | Export → Export Bibliographical Data** eller högerklicka och välj **Export → Export Bibliographical Data**.
5 Nu väljer man filnamn och lagringsplats och försäkrar sig om att det valda formatet är .XML för vidare export till EndNote eller .RIS för Zotero och RefWorks.
6 Import till EndNote sker genom **File → Import...** och genom att välja Import Option *EndNote generated XML.*

12. OM DATASETS

Detta avsnitt handlar om att importera data som har sitt ursprung i intervjuer med både fasta svarsalternativ och fritt formulerade svar. Ofta handlar det om data från någon form av frågeformulär. Ett dataset är ett källobjekt i NVivo som skapas i och med att strukturerad data importeras. Strukturerad data är ordnad i poster (rader) och fält (kolumner). De format som NVivo kan importera till ett dataset är Excelark, textfiler (tabb-avgränsade) eller databas-tabeller av typ MS Access eller liknande. Ett dataset i NVivo presenteras i en inbyggd läsare kan visa data både i tabellform och som formulär. Med en sådan läsare är det lätt och bekvämt att arbeta vidare med data och sedan ta hand om demografiska data och fria svar.

Ett dataset har två typer av fält (kolumner) nämligen Classifying och Codable.

Classifying är fält med demografiskt innehåll och kvantitativ karaktär, ofta resultat av multiple choice frågor. Data i dessa fält förväntas motsvara noder och attribut.

Codable är fält av "open ended content" alltså data som är fritt formulerade och därför av kvalitativ karaktär. Data i dessa fält skall typiskt vara föremål för tematiskt kodning.

Datasets kan bara skapas genom att data importeras. Data arrangeras i form av en matris där raderna är poster och kolumnerna är fält. Typiskt är att rader är respondenter och kolumner är frågor och i cellen återfinns svaren.

Importera Datasets

♦ **Gör så här**
   1   Gå till **External Data | Import | Dataset**
       Standard lagringsplats är mappen **Internals**.
       Gå till punkt 5.
alternativt
   1   Klicka på [**Sources**] i område (**1**).
   2   Välj mappen **Internals** i område (**2**) eller undermapp.
   3   Gå till **External Data | Import | Dataset**.
       Gå till punkt 5.
alternativt
   3   Peka på tom plats i område (**3**).
   4   Högerklicka och välj **Import Internals → Import Dataset...**

Guiden **Import Dataset Wizard – Step 1** visas:

5 Med **[Browse]** söker man rätt på den fil med data som skall importeras. Filbläddraren visar alla filer med de format som kan importeras som dataset.

6 Bekräfta med **[Öppna]**.

7 Klicka på **[Next]**.

Guiden **Import Dataset Wizard – Step 2** visas:

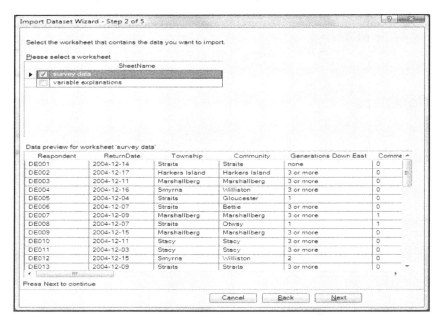

Den övre delen av dialogrutan, SheetName, visar i detta fall de två blad som finns på ett Excelark. Bara det första, survey data, innehåller data. Det andra bladet, variable explanations, innehåller annan information. Vid alternativa val av SheetName visas innehållet i avsnittet under, Data preview. De 25 första posterna visas. Vi väljer bladet *survey data*.

   8   Klicka på [**Next**].

   Guiden **Import Dataset Wizard - Step 3** visas:

Här kan man stämma av format på datum, klockslag och decimaltecken mot den information som visas i Data Preview.

Det är viktigt att data som importeras har fältnamn i enbart första raden. Det förekommer tvåradiga fältnamn i vissa datablad och då måste man först slå samman dessa två rader. Om man väljer bort alternativet *First row contains field names* ersätts raden med kolumnnummer.

   9   Klicka på [**Next**].

Guiden **Import Dataset Wizard** – **Step 4** visas:

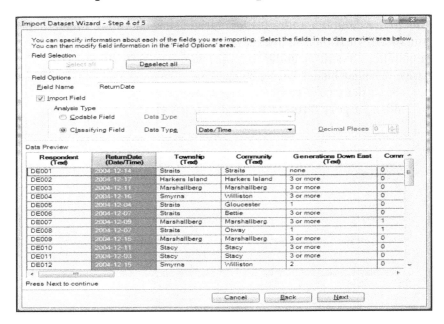

För varje kolumn måste man nu ange om det är ett *Codable Field*
eller *Classifying Field*. Man markerar en kolumn i taget genom att
klicka på kolumnhuvudet (eller bläddra med [**Right**] eller [**Left**]) i
Data Preview och därefter väljer man *Analysis Type*. Observera att
standardläge är Classifying Field för alla kolumner då data
importeras. Om man icke önskar importera viss kolumn kan man
välja bort alternativet *Import Field* för denna kolumn.

10   Klicka på [**Next**].

Guiden **Import Dataset Wizard – Step 5** visas:

11   Nu kan man namnge sitt Dataset och skriva en Description.
     Slutligen bekräftar man med [**Finish**].

I och med en lyckad import skapas ett dataset och då det öppnas i
område (**4**) och i visningsläge *Table* ser det ut så här:

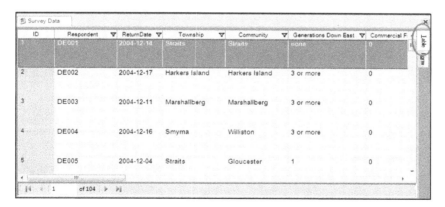

NVivo har skapat en ny kolumn längst till vänster, ID, och våra
poster numreras från 1 och uppåt. Ett dataset kan inte editeras för
att skapa eller ta bort rader och kolumner ej heller kan man editera
innehållet. Man bläddrar mellan posterna med knapparna nere till
vänster.

Visningsläge *Form* innebär att man kan studera en post i taget:

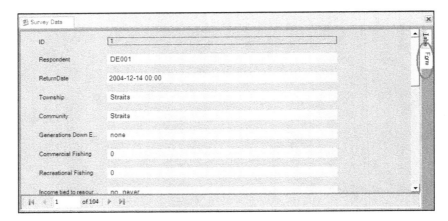

De fält som är Classifying har grå bakgrund, Codable har vit bakgrund. Här i visningsläge *Table*.

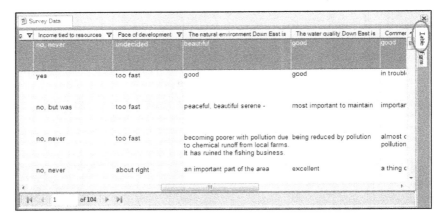

Här i visningsläge *Form*:

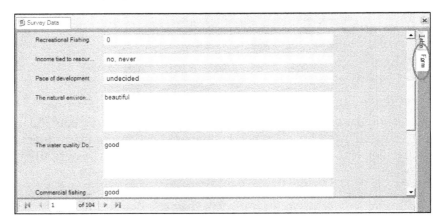

146

I dialogrutan **Dataset Properties** kan man göra vissa ändringar:

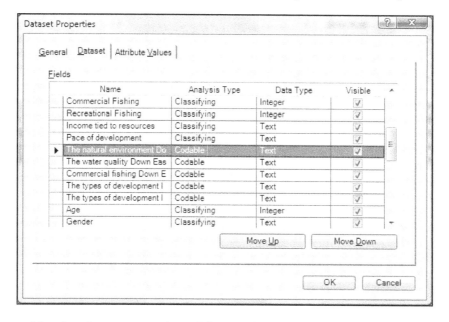

Man kan byta namn på ett fält, man kan dölja fältet och man kan flytta fältet. Man kan däremot inte ändra Analysis Type eller Data Type.

Alternativt går det också att göra dessa ändringar direkt i ett dataset visningsläge *Table*. Här gäller alla de regler som beskrivits för ett Classification Sheet sidan 133 och för Matrisnoder sidan 199 inklusive användandet av Filter för att dölja eller visa vissa rader.

Exportera Dataset

Datasets kan exporteras som alla andra objekt.

♦ **Gör så här**

1 Klicka på [**Sources**] i område (**1**).
2 Välj mappen **Internals** i område (**2**) eller undermapp.
3 Markera det dataset i område (**3**) som du vill exportera.
4 Gå till **External Data | Export | Export → Export Dataset...**
   eller kortkommando [**Ctrl**] + [**Shift**] + [**E**]
   eller högerklicka och välj **Export → Export Dataset...**
Dialogrutan **Export Options** visas.
5 Välj alternativ och klicka på [**OK**]. Då öppnas en filbläddrare där man kan välja filformat, filnamn och lagringsställe. De filformat som står till buds för export av datasets är Excel, Textfil och HTML.
6 Avsluta med [**Spara**].

Koda Datasets

Kodning av datasets följer de vanliga reglerna: Markera text, välj sedan **Code Selection → Code Selection At New Node** eller **Code Selection At Existing Nodes**.

All kodning som görs i ett dataset kan visas på vanligt sätt med kodlinjer, markering etc.

Autokoda Datasets

♦ **Gör så här**

1 Markera det dataset i område **(3)** som du vill autokoda eller klicka i ditt öppna dataset i område **(4)**.

2 Gå till **Analyze | Coding | Autocode**.

Guiden **Autocode Dataset Wizard – Step 1** visas:

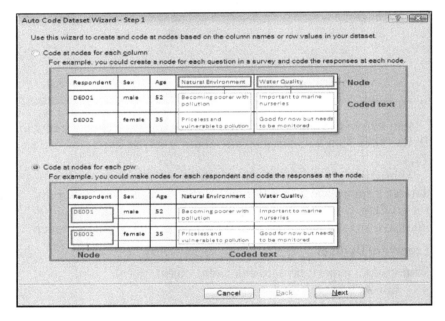

4 Välj *Code at nodes for each row*, klicka på [**Next**].

Guiden **Autocode Dataset Wizard – Step 2** visas:

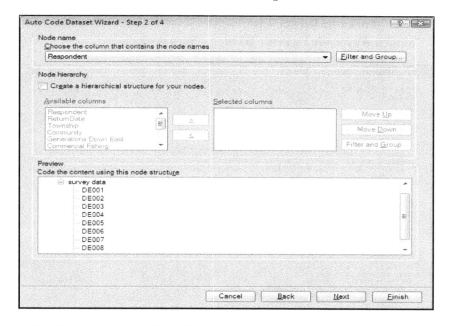

Här kan man välja vilka fält som ska bilda noder. Genom att markera fält vid *Available Columns* och klicka på [>] förs de över till *Selected Columns*. Preview visar en bild av den nodhierarki som kommer att byggas upp. I vårt exempel väljer vi endast kolumnen *Respondent*.

    4   Klicka på [**Next**].

Guiden **Autocode Dataset Wizard – Step 3** visas:

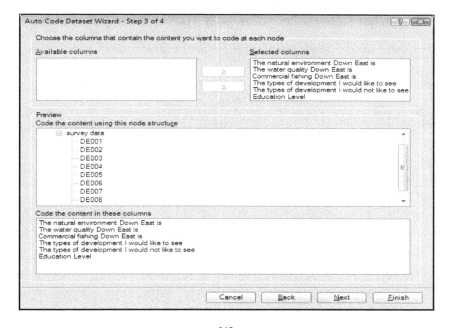

Här visas alla fält som klassats som *Codable* och man kan välja bort de oönskade fälten från listan vid Selected columns.

5 Klicka på [**Next**].

Guiden **Autocode Dataset Wizard – Step 4** visas:

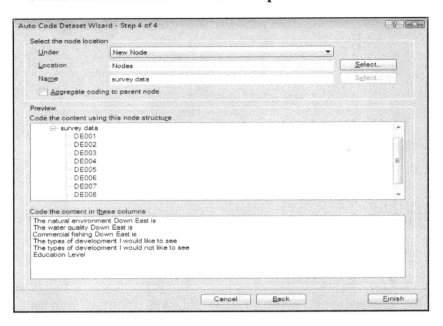

Här kan man bestämma i vilken mapp och med vilket namn vårt nodträd skall lagras. I vårt exempel lagringsplatsen **Nodes\\Survey Data**.

6 Avsluta med [**Finish**].

Resultatet i område (**3**) kan se ut så här:

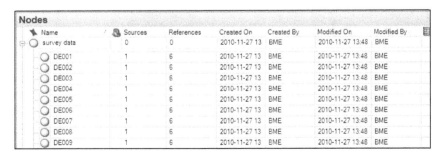

Klassificering av Datasets

Från ett dataset kan man skapa och klassificera noder baserat på de fält som har egenskapen Classifying. Från början måste man åtminstone ha *en* nodklassifikation för de noder som skall klassificeras från vårt Dataset.

Om vi skall klassificera redan existerande noder (som en följd av autokodning) måste de först tilldelas samma klassifikation (eventuellt utan Attribut och värden) som skall användas i Steg 2 nedan.

♦ **Gör så här**

1   Markera alla de noder i område **(3)** som skall klassificeras. Använd **[Ctrl]** + **[A]** eller markera den första noden i listan, använd **[Shift]** och klicka sedan på den sista noden i listan.

2   Högerklicka och välj **Classification** → <välj>.

Nu sker klassificeringen från vårt dataset på följande sätt:

♦ **Gör så här**

1   Markera det dataset i område **(3)** vars data du vill använda för att klassificera de ovan nämnda noderna.
    eller klicka i ditt öppna dataset i område **(4)**.

2   Gå till **Analyze | Classification** → **Classify Nodes from Dataset**.

Guiden **Classify Nodes from Dataset Wizard - Step 1** visas:

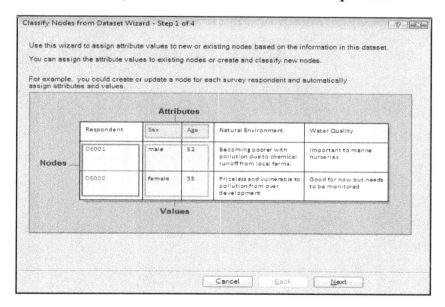

3   Klicka på **[Next]**.

151

Guiden **Classify Nodes from Dataset Wizard – Step 2** visas:

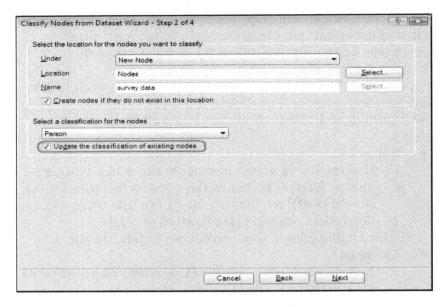

Här kan man ange var de nya noderna skall placeras och om en ny eller existerande nod skall vara Parent Node. I vårt exempel klassificerar vi de noder som skapades genom Autocoding i vårt tidigare exempel. Därför är det viktigt att välja *Update the classification of existing nodes.*

    4   Klicka på [**Next**].

Guiden **Classify Nodes from Dataset Wizard – Step 3** visas:

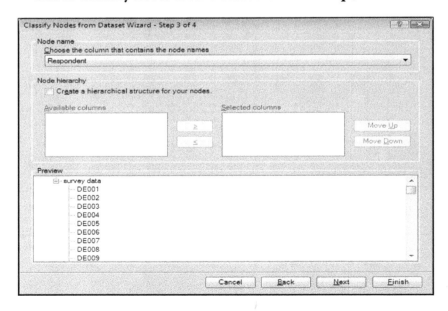

5   Vi väljer kolumnen *Respondent* för att skapa nya noder. Klicka på [**Next**].
Guiden **Classify Nodes from Dataset Wizard - Step 4** visas:

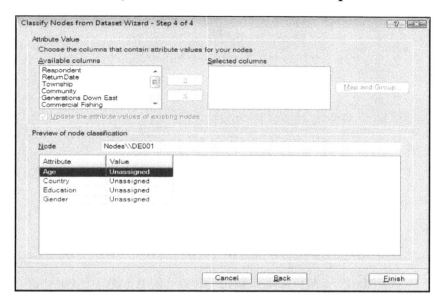

Här finner man alla Classifying fält i den vänstra rutan *Available columns* och genom att markera fält och klicka på [>] förs de över till den högra, *Selected columns*. I sektionen Preview visas resultatet för den översta noden.
6   Klicka på [**Finish**].

Map and Group

Vi backar tillbaka till Guiden **Classify Nodes from Dataset Wizard - Step 4** ovan. Knappen [**Map and Group**] kan användas för att flytta (mappa) innehållet från en kolumn till en annan. Möjlighet finns också att gruppera diskreta värden till vissa intervall, typiskt diskreta ålderstal till åldersgrupp.

◆   **Gör så här**
1   Vid guiden **Classify Nodes from Dataset Wizard - Step 4** har du flyttat över *Age* till högra rutan, *Selected columns*.

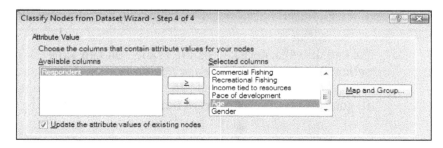

2   Markera *Age* och klicka på [**Map and Group**].
Dialogrutan **Mapping and Grouping Options** visas:

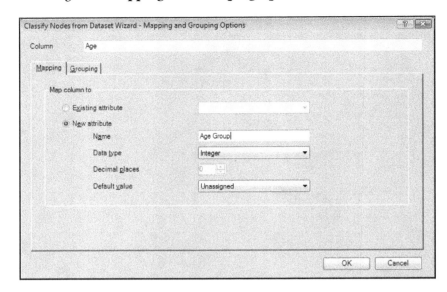

3   Markera *New Attribute* för att skapa ett nytt attribut som
vi kallar *Age Group*. Klicka på fliken **Grouping**.

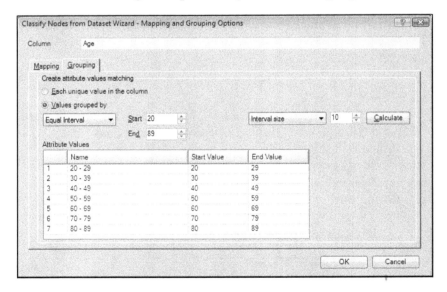

4   Här kan du välja storleken på intervallet. Du kan välja
mellan *Equal Interval, Standard Deviation* eller *User-
defined Interval*. Avsluta med [**OK**] och du kommer tillbaka
till guiden **Classify Nodes from Dataset Wizard – Step 4**.

13. KODNING – INDEXERING AV DATA

Kodning av data påminner mycket om det som sker när man indexerar poster i en databas. Det innebär att man på något sätt associerar data med begrepp från en given uppsättning av termer, nyckelord eller som i vårt fall noder. De som indexerar vetenskapliga litteraturdatabaser använder sig av terminologier och givna ordlistor som karaktäriserar en viss post i databasen.

Vid kodning av stora textmängder som är vanligt vid kvalitativa studier arbetar man på liknade sätt. En viss skillnad är att det objekt som kodas eller indexeras kan utgöras av en del av ett dokument. Föremål för kodning kan alltså vara ett element som en bokstav, ett ord, ett stycke, en tabell eller en bild men kan naturligtvis även vara ett helt dokument. Den uppsättning begrepp man kodar till och som motsvarar begreppstermer är noderna. Man brukar säga att man kodar en del av ett dokument till en viss nod.

NVivo använder följande metoder för kodning:
- Kodverktyget – The Quick Coding Bar
- Drag-och-släpp
- Högerklicka med musen
- Från menyflikarna
- Autokodning
- Styckekodning
- In Vivo kodning
  Resultatet av en fråga sparas som ny nod

Här följer några defintioner som återkommer I NVivos kommandon och i våra instruktioner.

Sources innebär att hela källobjektet kodas.

Selection innebär att enbart markerat område kodas.

Existing Nodes innebär att dialogrutan **Select Project Items** visas så att en eller flera noder kan väljas.

New Node innebär att dialogrutan **New Node** visas så att man kan kan skapa en ny nod och koda samtidigt.

Current Node innebär att man kodar till den senast använda noden eller noderna.

In Vivo innebär att man direkt skapar en ny nod i mappen **Nodes** med samma namn som den markerade texten (max 256 tecken).

Kodverktyget – Quick Coding Bar

Verktyget Quick Coding Bar kan flyttas runt på bildskärmen eller läggas i fast position i underkant av område (**4**). Önskar man vid annat tillfälle ta bort det eller ta fram det använder man **View | Workspace | Quick Coding** och där finns alternativen **Hide, Docked** och **Floating**

Verktygsfältet **Quick Coding Bar** är endast aktivt när en text, tidsaxel eller bild är markerad i ett källobjekt eller en nod.

Rullisten **In** har tre alternativ: *Nodes, Relationships* och *Nicknames.* Första gången i ett arbetspass väljer man Nodes och klickar på den första [...]-knappen som visar dialogrutan **Select Location**, varvid man kan välja bland existerande nodmappar och noder (som kan bli Parent Nodes). När valet gjorts kan man gå vidare till rullisten vid **Code At**. Där listas i alfabetiskt alla de noder som finns för detta urval. Det går också att använda den andra [...]-knappen som visar dialogrutan **Select Project Items** och då har man tillgång till samtliga noder och valet vid rullisten **In** begränsar inte urvalet. Det går även att använda mer en nod att koda mot. Man kan också skapa en ny nod genom att skriva in namnet direkt och då har bestäms den nya nodens tillhörighet av valet vid **In**.

Med kortkommando **[Qtrl] + [Q]** ställs markören direkt i skrivrutan vid **Code At**.

På rullisten för nodnamnen sparas namnen på de 9 senaste använda noderna så länge ett arbetspass pågår. Denna lista ligger efter en delningslinje och i den ordning de använts.

Quick Coding Bar kan användas för att:

- Koda med knappen **Code at Current Nodes** alt **[Ctrl] + [F9]**
- Ta bort kodning med knappen **Uncode at Current Nodes** alt **[Ctrl] + [Shift] + [F9]**
- Koda In Vivo med knappen **In Vivo Coding** alt **[Ctrl] + [F8]**

Drag-och-släpp

♦ **Gör så här**

1 Klicka på **[Sources]** i område **(1)**.
2 Välj den mapp i område **(2)** som innehåller det källobjekt du vill koda.
3 Öppna det objekt i område **(3)** som du vill koda.
4 Markera den text eller bild du vill koda.
5 Klicka på **[Nodes]** i område **(1)** och välj mappen med de noder du vill koda till.
6 Med vänster musknapp drar du markeringen från ditt dokument till den avsedda noden.

Denna metod är snabb och mycket omtyckt. Det kan ofta vara mycket praktiskt att ställa in bildskärmen för:
View | Workspace | Detail View → Right och stänga av
View | Workspace → Navigation View
vilket underlättar vid drag-och-släpp. Se sidan 35.

Högerklicka, använda menyer eller kortkommandon

Koda ett helt källobjekt

♦ **Gör så här**

1 Klicka på [**Sources**] i område (**1**).

2 Välj den mapp i område (**2**) som innehåller det källobjekt du vill koda.

3 Markera det eller de källobjekt i område (**3**) som du vill koda.

4 Gå till **Analyze | Coding | Code Sources At** → \<välj\>
   Existing Nodes   **[Ctrl + [F5]**
   New Node   **[Ctrl + [F6]**

alternativt

4 Högerklicka och välj
   Code Sources → \<välj\>
   Code Sources At Existing Nodes   **[Ctrl + [F5]**
   Code Sources At New Node   **[Ctrl + [F6]**
   Recent Nodes \<välj\>

Koda ett utvalt stycke eller avsnitt i ett källobjekt

♦ **Gör så här**

1 Klicka på [**Sources**] i område (**1**).

2 Välj den mapp i område (**2**) som innehåller det källobjekt du vill koda.

3 Öppna det källobjekt i område (**3**) som du vill koda.

4 Markera det du vill koda.

5 Gå till **Analyze | Coding | Code Selection At** → \<välj\>
   Existing Nodes   **[Ctr]l + [F2]**
   New Node   **[Ctrl] + [F3]**

alternativt

5 Högerklicka och välj
   Code Selection → \<välj\>
   Code Selection At Existing Nodes   **[Ctrl] + [F2]**
   Code Selection At New Node   **[Ctrl] + [F3]**
   Code Selection At Current Nodes   **[Ctrl] + [F9]**
   Recent Nodes \<välj\>

   Code In Vivo   **[Ctrl] + [F8]**

Ta bort kodning av ett helt källobjekt

♦ **Gör så här**

1 Klicka på [**Sources**] i område (**1**).

2 Välj den mapp i område (**2**) som innehåller det källobjekt vars kodning du vill ta bort.

3 Markera det eller de källobjekt i område (**3**) vars kodning du vill ta bort.

4 Gå till **Analyze | Uncoding | Uncode Sources At →**
   Existing Nodes   [**Ctrl**] + [**Shift**] + [**F5**]

alternativt

4 Högerklicka och välj
   Uncode Sources → <välj>
   Uncode Sources At Existing Nodes   [**Ctrl** + [**Shift**] + [**F5**]
   Recent Nodes <välj>

Ta bort kodning av ett utvalt stycke eller avsnitt i ett källobjekt

♦ **Gör så här**

1 Klicka på [**Sources**] i område (**1**).

2 Välj den mapp i område (**2**) som innehåller det källobjekt vars kodning du vill ta bort.

3 Öppna det källobjekt i område (**3**) vars kodning du vill ta bort.

4 Markera den kodning du vill ta bort.

5 Gå till **Analyze | Uncoding | Uncode Selection At →**
   Existing Nodes   [**Ctrl**] + [**Shift**] + [**F2**]

alternativt

5 Högerklicka och välj
   Uncode Selection → <välj>
   Uncode Selection At Existing Nodes   [**Ctrl**] + [**Shift**] + [**F2**]
   Uncode Selection At This Node   [**Ctrl**] + [**Shift**] + [**F3**]
   Uncode Selection At Current Nodes   [**Ctrl**] + [**Shift**] + [**F9**]
   Recent Nodes <välj>

Autokodning

Denna funktion bygger på att styckemallarnas namn (Heading 1, Heading 2, etc) utnyttjas för att skapa en hierarkisk nodstruktur. Texten i varje rubrik bildar namnet på noden. Om flera dokument autokodas samtidigt eller var för sig och har samma struktur på styckemallar och rubriker bildas automatiskt gemensamma noder som dessa dokument är kodade till. Typiskt användningsområde är när man använder en Word-mall för ett frågeformulär med givna frågor i rubrikerna.

♦ **Gör så här**

1   Klicka på [**Sources**] i område (**1**).

2   Markera den mappen i område (**2**) som innehåller källobjekten du vill koda.

3   Markera det eller de källobjekt i område (**3**) som du vill koda.

4   Gå till **Analyze | Code | Autocode** eller högerklicka och välj **Autocode...**

Dialogrutan **Auto Code** visas:

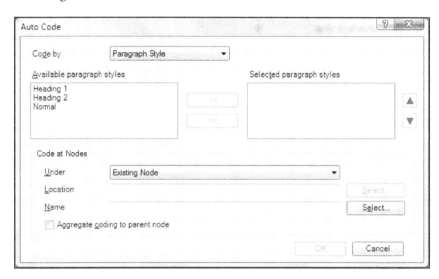

Först avgör man vilka styckeformatmallar som skall utgöra grunden för de noder och den struktur som skall bildas. NVivo finner alla styckeformatmallar som använts i de dokument som skall autokodas och är därför språkoberoende. Mallarna väljs med [>>]-knappen och hamnar då i rutan till höger. Med alternativet Existing Node kan man sedan välja att lägga de nya noderna under existerande noder. Väljer man New Node kan man dels namnge den nya noden, dels ange om den skall inordnas under någon annan nod. I båda fallen kommer de nya noderna att namnges efter innehållet i de rubriker (Heading 1, Heading 2 etc.) som valts i dialogrutan.

Väljer man alternativet **Code Option** *Paragraph* kommer varje stycke att kodas för sig och namnges med det gällande styckenumret.

5   Avsluta med [**OK**].

- ♦ -

Man kan också autokoda utskrifter till audio- och videoobjekt. Antag att vi har ett audioobjekt med två nya kolumner, Speaker och Organization:

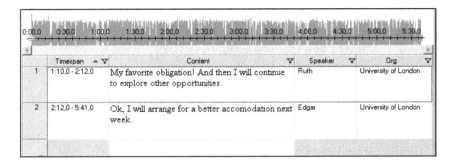

När man tillämpar autokodning och **Code by** *Transcript Fields* på sådana objekt kommer innehållet i de nya kolumnerna att skapa nya noder:

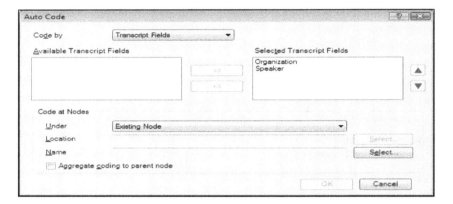

I detta fall kommer University of London att utgöra en överordnad nod (Parent) med Ruth och Edgar som undernoder (Child Nodes).

Range Coding

Range coding är ett annat sätt att snabbt koda sina objekt. Grunden för range coding är styckenummer i ett dokument, radnummer i utskrift eller Picture Log eller tidsintervallet längs en tidsaxel av ett audio- eller videoobjekt.

De alternativ som görs tillgängliga beror på vilket typ av objekt som valts. Kommandot är **Analyze | Coding | Range Code** och lägg märke till att man endast kan använda existerande noder i detta fall.

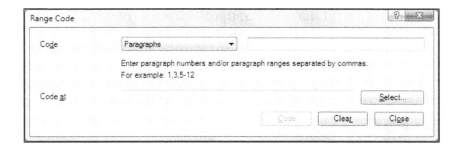

Koda genom att ställa frågor

Frågor till projektet kan samtidigt som de ställs också aktiveras så att de samtidigt skapar en nod motsvarande frågans svar. Mer om detta i nästa avsnitt.

Hur visas kodningen?

Öppna en nod

◆ **Gör så här**

1 Klicka på [**Nodes**] i område (**1**).
2 Välj mappen **Nodes** i område (**2**) eller undermapp.
3 Markera den nod i område (**3**) som du vill öppna.
4 Gå till **Home | Item | Open → Open Node**
eller kortkommado [**Ctrl**] + [**Shift**] + [**O**]
eller högerklicka och välj **Open Node...**
eller dubbelklicka på noden i område (**3**).

Varje nod som öppnas visas i ett integrerat delfönster i område (**4**) eller frikopplat (undock) har alltid flikar till höger för olika visningslägen. Om noden enbart kodat vanlig text presenteras tre flikar för följande visningslägen: *Summary, Reference* och *Text.*

Visningsläge *Reference* är standard (default) och visas första gången en nod öppnas:

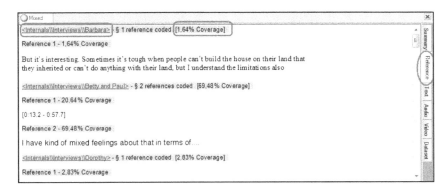

Länken med namnet på källobjektet öppnar detta i område (**4**). Det går även att peka på eller markera ett visst område i dokumentet, gå till **Home | Item | Open → Open Referenced Source** eller högerklicka och välja **Open Referenced Source**. När ett källobjekt öppnas på detta sätt är den aktuella kodningen markerad gulbrun (Highlighted).

Uppgiften *Coverage* innebär att det mot noden kodade avsnittet motsvarar en viss procentandel tecken av hela källobjektet.

Visa/Dölja referenser till källobjekt

◆ **Gör så här**

1　Öppna en nod.

2　Gå till **View | Detail View | Nodes → Coding Summaries**.

3　Välj att avmarkera *Sources, References* eller *Coverage*.

Alternativet *Sources* döljer referensen till källobjekten och information om referensstycken och källobjektets kodade procentandel av hela objektet.

Alternativet *References* döljer informationen om varje referensstycke och dess kodade procentandel av hela objektet.

Alternativet *Coverage* döljer informationen om hela källobjektets kodade procentandel av hela objektet.

Presentationen kan ändras på flera sätt genom **View | Detail View | Nodes → Coding Context, Coding By Users, Coding Summaries, Coding Excerpt & Node Text**.

Visningsläge *Summary* visar alla kodade dokument som en lista med genvägar och varje sådan genväg är klickbar:

Name	In Folder	References	Coverage
Betty and Paul	Internals\\Interviews	2	69,48%
Helen	Internals\\Interviews	2	22,45%
Maria and Daniel	Internals\\Interviews	3	18,87%
Robert	Internals\\Interviews	3	11,43%
Survey Responses	Internals\\Survey	26	4,62%
Dorothy	Internals\\Interviews	1	2,83%
Barbara	Internals\\Interviews	1	1,64%

Visningsläge *Text* visar alla kodade dokument som ikoner i ett övre delfönster av område (**4**) och en markering (enkelklick) på en sådan ikon visar aktuell kodad text för enbart detta dokument. Dubbelklick på ikonen öppnar dokumentet med aktuell kodad text markerad gulbrun:

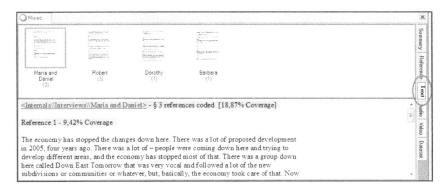

Visningsläge *Audio*:

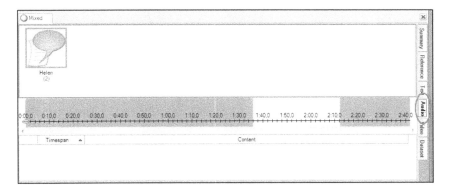

Visningsläge *Video*:

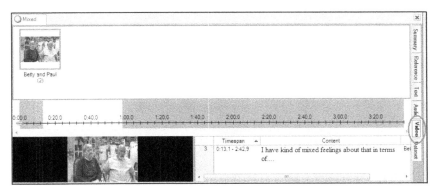

Visningsläge *Picture*.

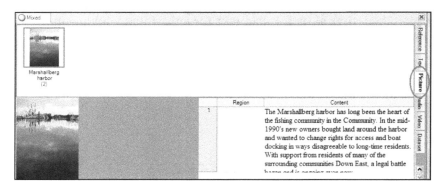

Visningsläge *Dataset*.

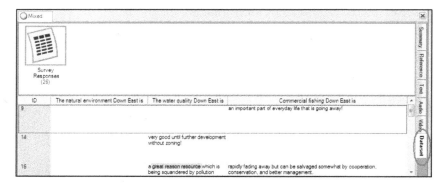

Visa sammandrag – Coding Excerpt

♦ **Gör så här**

  1 Öppna en nod.

  2 Gå till **View | Detail View | Coding Excerpt**.

  3 Välj *None, First Line eller All*.

Alternativet *None*.

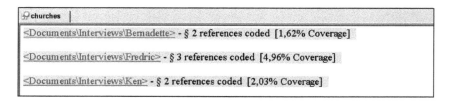

Alternativet *First Line*:

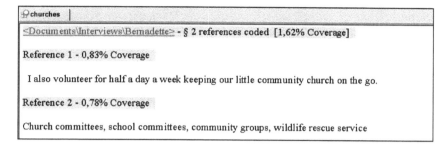

Alternativet *All* är standard (default) och har visats tidigare.

Visa sammanhang - Context
- ◆ **Gör så här**
  1. Öppna en nod.
  2. Markera den text eller det stycke du vill se i sitt sammanhang.
  3. Gå till **View | Detail View | Coding Context** eller högerklicka och välj **Coding Context**.
  4. Välj *None, Narrow, Broad, Custom...* eller *Entire Source*.

Exempel alternativet *Broad*:

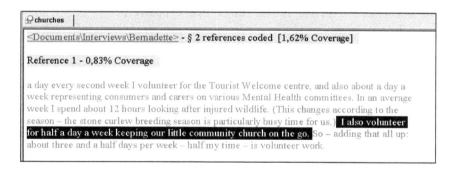

Markera text - Highlight
I ett källobjekt eller en nod går det att markera den kodade texten med gulbrunt. Denna inställning är individuell för varje objekt och sparas tillfälligt under pågående arbetspass, men återställs när ett projekt stängs.
- ◆ **Gör så här**
  1. Gå till **View | Coding | Highlight**.

Det finns följande alternativ:

None	Markeringen stängs av.
Coding For Selected Items...	Select Project Items visar aktiva noder (current nodes), övriga är gråade.
Coding for All Nodes	Visar markering för samtliga noder som kodat objektet.
Matches For Query	Markering av de sökord som använts vid Text Search Queries.
Select Items...	Öppnar Select Project Items för eventuell ändring av valda noder.

Kodlinjer – Coding Stripes

I ett källobjekt eller en nod kan man visa aktuell kodning som vertikala kodlinjer i ett separat fönster till höger om texten. Kodlinjer kan visas vare sig objektet är skrivskyddat eller ej. Men om man visar kodlinjer och sedan börjar editera i objektet blir kodlinjefönstret gråat och återtar sitt ursprungliga utseende efter att man klickat på Refresh-länken högst upp i fönstret.

♦ **Gör så här**
1 Gå till **View | Coding | Coding Stripes**.
Det finns följande alternativ:

None	Kodlinjer stängs av.
Selected Items...	Visas när kodlinjer valts.
Nodes Most Coding	Visar de mest före-kommande noderna.
Nodes Least Coding	Visar de minst förekommande noderna.
Nodes Recently Coding	Visa de noder som nyligen använts.
Coding Density Only	Visa enbart Coding Density Bar.
Selected Items	Öppnar Select Project Items med enbart aktiva noder, övriga är gråade.
Show Items Last Selected	Visar de noder som senast använts.
Number of Stripes...	Antal kodlinjer (7 - 200).

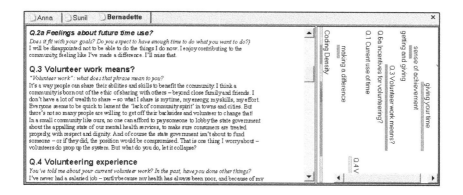

Vad kan man mera göra med kodlinjer?

Genom att peka på en viss kodlinje och högerklicka får man upp följande menyalternativ: **Highlight Coding, Open Node..., Uncode, Hide Stripe, Show Sub-Stripes, Hide Sub-Stripes** och **Refresh**.

Det är också lätt att bara enkelklicka på en kodlinje så markeras motsvarande textområde i dokumentet med gulbrunt eller dubbelklicka så öppnas noden.

Genom att bara peka på en kodlinje visas dess namn. Pekar man på Coding Density Bar listas namnen på alla noder som kodat dokumentet vid det stället.

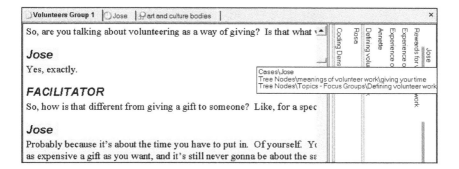

Färgmärkning av kodlinjer

Som standard visas kodlinjerna med olika färger som väljs automatiskt av NVivo. Man kan även använda individuell färgmärkning av noder, se sidan 18.

◆ **Gör så här**
   1   Visa kodlinjer med något av alternativen ovan.
   2   Gå till **View | Visualization | Color Scheme → Item Colors**.
De noder som inte har individuell färgmärkning blir färglösa.

Utskrift med kodlinjer

♦ **Gör så här**

1 Visa kodlinjer med något av alternativen ovan.

2 Gå till **File | Print | Print...**
eller kortkommando **[Ctrl]** + **[P]**.

Dialogrutan **Print Options** visas:

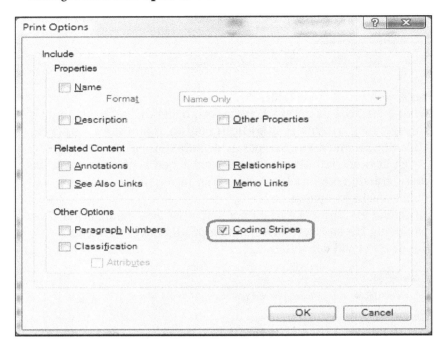

3 Alternativet *Coding stripes* måste väljas.

4 Bekräfta med **[OK]**.

Utskrift med kodlinjer (se sidan 73) innebär att text och kodlinjer skrivs på skilda sidor men parvis tillsammans. Ett praktiskt sätt att skriva ut är därför att ställa skrivaren så att den skriver två sidor på samma ark. En A3-skrivare är därmed att föredra.

Charts

Charts har introducerats för att på ett lätt och överskådligt sätt grafiskt visa hur dokument och noder har kodats. Den generella metoden att skapa Charts är att använda guiden för Charts, the Chart Wizard.

♦ **Gör så här**

1 Gå till **Explore | Visualizations | Charts**.

Guiden **Chart Wizard** - **Step 1** visas:

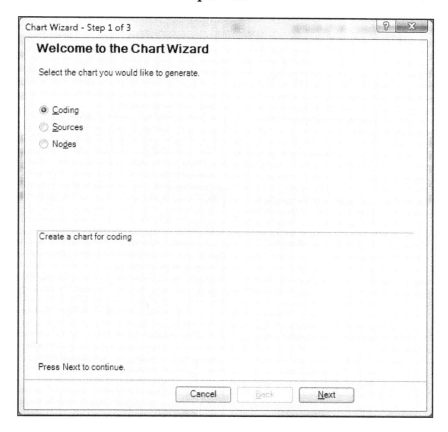

2   Klicka på [**Next**].

Guiden **Chart Wizard** - **Step 2** visas och de olika alternativen är:

Alternativ	Kommentar
Coding for a source	Compare the nodes used to code a particular source. For example, chart any source to show the nodes which code it by percentage of coverage or number of references.
Coding by node attribute value for a source	Show coding by node attribute value for a source. For example chart a source to show coding by one or more node attribute values.
Coding by node attribute value for multiple sources	Show coding by node attribute value for multiple sources. For example chart two or more sources to show coding by one or more node attribute values.
Coding for a node	Look at the different sources that atre coded at a node. For example, chart any node to see which sources are coded at the node and their corresponding percentage of coverage.
Coding by node attribute value for a node	Show coding by attribute value for a node. For example, chart a node to show coding by one or more attribute values.
Coding by node attribute value for multiple nodes	Show coding by attribute value for multiple nodes. For example, chart two or more nodes to show coding by one or more attribute values.
Sources by attribute value for an attribute	Display sources by attribute value for an attribute. For example chart an attribute to see how the sources which have that attribute are distributed across the attribute values.
Sources by attribute value for two attributes	Display sources by attribute value for two attributes. For example chart two attributes to see how the sources which have those attributes are distributed across the attribute values.
Nodes by attribute value for an attribute	Display nodes by attribute value for an attribute. For example chart an attribute to see how the nodes which have that attribute are distributed across the attribute values.
Nodes by attribute value for two attributes	Display nodes by attribute value for two attributes. For example chart two attributes to see how the nodes which have those attributes are distributed across the attribute values.

3   Klicka på [**Next**].

Guiden **Chart Wizard** – **Step 3** visas:

4   Med [**Select**]-knappen väljer man det objekt man vill basera
    sin grafik på, därefter [**Finish**].
Ett resultat kan se ut så här:

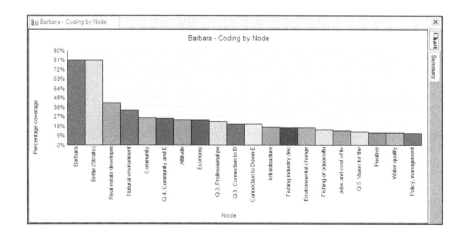

Fliken *Summary* visar en lista med noder och coverage:

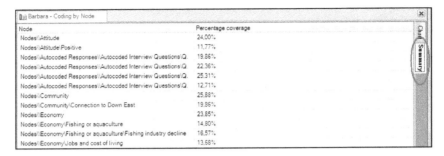

Under arbetets gång kan man också utgå från listan i område **(3)**.

♦ **Gör så här**
1 Markera det objekt för vilket du vill skapa ett Chart.
2 Gå till **Explore | Visualizations | Chart → Chart <"Item">
   Coding**
   eller gå till **Explore | Visualizations | Chart → Chart
   <"Item"> by Attribute Value**
   alternativt
   högerklicka och välj **Vizualize → Chart <"Item"> Coding**
   eller **Chart <"Item"> by Attribute Value**.

Därmed visas antingen grafiken direkt vid valet **Chart <"Item">
Coding** eller dialogrutan **Chart Options** som är densamma som
andra dialogrutan **Chart Wizard** och man fortsätter som ovan. Dessa
charts kan ej sparas som objekt i projektet utan kan exporteras som
.JPG-, .BMP- eller .GIF-fil för att kunna användas på nytt.

♦ **Gör så här**
1 Skapa ett aktuellt Chart.
2 Gå till **External Data | Export | Export → Export Chart**
   eller kortkommando **[Ctrl] + [Shift] + [E]**
   eller högerklicka i bilden och välj **Export Chart**.
3 Med filbläddraren väljer man lagringsplats och filnamn,
   därefter **[Spara]**.

14. ATT SÖKA EFTER OBJEKT

Detta avsnitt handlar om hur man kan ställa sökfrågor som leder till
att man finner vissa objekt i projektet.

Frågetyperna *Find, Advanced Find* och *Grouped Find* presenterar
svaren som listor med genvägar till dessa objekt.

Find

Verktygsfältet **Find** ligger alltid strax ovanför List View-rubriken för
område (**3**). Detta fält kan visas eller döljas med **View** | **Workspace** |
Find som är en pendelfunktion. Den enkla funktionen **Find Now**
används för att söka namn på dokument, memos eller noder, alltså ej
dess innehåll.

♦   **Gör så här**
1   Vid **Look for** skriv ett helt eller delar av ett sökord som
    förkommer i namnet på ett objekt. Här sker fritextsökning
    vilket innebär autotrunkering åt bägge håll.
2   Från rullisten **Search In** väljs vilken grupp av mappar som
    sökningen skall begränsas till.
3   Klicka på [**Find Now**].

Resultatet visas direkt i List View, område (**3**):

Denna lista är genvägar (indikeras av "pilen" vid ikonen) till
objekten och kan ej sparas. Däremot kan man skapa ett set av valda
objekt från listan. Se sidan 46.

Advanced Find

Advanced Find kan också användas för att finna objekt och erbjuder möjlighet att göra en sökning med mera avancerade kriterier.

♦ **Gör så här**

   1   I verkygsfältet **Find** välj **Advanced Find**
       eller kortkommando [**Ctrl**] + [**Shift**] + [**F**].

Dialogrutan Advanced Find visas.

Rullisten **Look For** innehåller följande alternativ:

- Sources
- Documents
- Audios
- Videos
- Pictures
- Datasets
- Externals
- Memos
- Nodes
- Relationships
- Matrices
- Source Classifications
- Node Classifications
- Attributes
- Relationship Types
- Sets
- Queries
- Results
- Reports
- Extracts
- Models
- All

Som exempel på Advanced Find kan nämnas att man kan göra fritextsökning enbart i Description för ett visst slags objekt.

Fliken Intermediate

Flikarna **Intermediate** och **Advanced** är oberoende av varandra. Här är daialogrutan **Advanced Find** med fliken **Intermediate**:

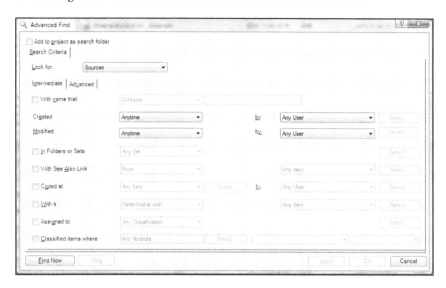

Så snart man valt något av alternativen under fliken Intermediate blir motsvarande [**Select...**]-knapp aktiv och den öppnar dialogrutan **Select Project Items**. Det exakta innehållet i denna dialogruta bestäms av det valda alternativet.

Funktionen kan användas för att skapa en lista med objekt som matchar vissa kriterier. Man kan t ex skapa:

- Noder som skapades *förra veckan*
- Noder med värdet *Male*
- Memos som har en 'See Also' länk från noden *adventure*
- Dokument som kodats med noden *Passionate*
- Noder som kodat dokumentet *Volunteers Group 1*
- Set som innehåller *noder*

Fliken Advanced

Fliken **Advanced** erbjuder andra typer av kriterier för sökning.

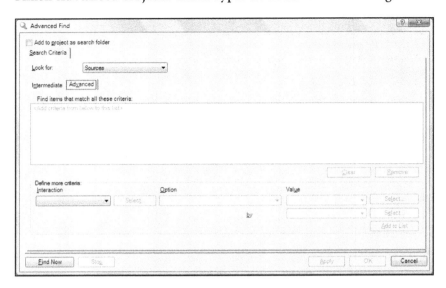

Rullisten vid **Interaction** beror av valet av typ objekt vid **Look for**. Väljs t ex *Documents* innehåller rullisten följande alternativ:

- Document
- Name
- Description
- Created
- Modified
- Size (MB)
- Attribute

2 Välj *Nodes* från rullisten **Look for**. I avsnittet *Define more criteria* har rullisternas alternativ anpassats efter den objekttyp du valt och om du väljer
   Age Group / equals value / 50-59 ser dialogrutan ut så här:

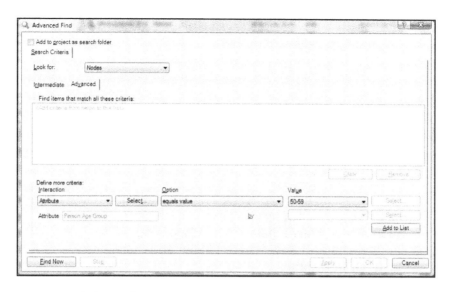

3 Klicka på [**Add to List**] och då flyttas sökkriteriet upp till rutan **Find items that match all these criteria**.

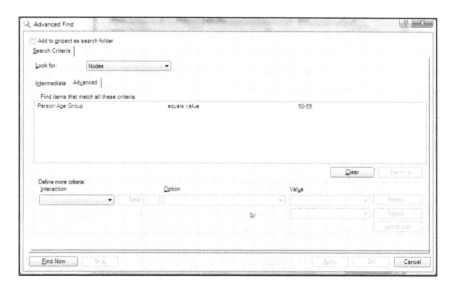

4 Nu kan man lägga till ett nytt kriterium t ex begränsning till enbart kvinnor. Klicka sedan åter på [**Add to List**].

5   Finally Sökningen utförs slutligen med [**Find Now**] och resultatet kan se ut så här:

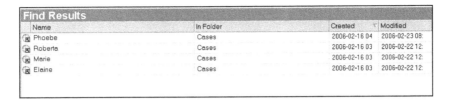

Man får en lista med genvägar till de noder som uppfyller sökkriteriet. Denna lista kan sparas i en särskild mapp under mappen **Search Folder**. En sådan mapp skapas när man markerar *Add to project as search folder* i dialogrutan **Advanced Find**. Då byter dialogrutan namn till **New Search Folder**. Skriv namn och eventuellt en Description:

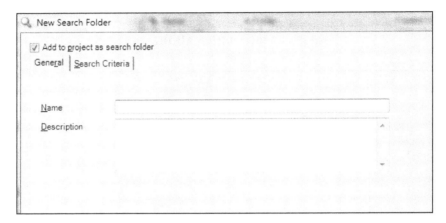

Med knappen [**Folders**] i område (**1**) når man mappen **Search Folders** i område (**2**) och där finns vår nya mapp som undermapp. Klicka på den mappen och hela listan med genvägar visas på nytt i område (**3**).

Det går också en att skapa ett set av valda objekt från listan. Se sidan 46.

Group Query

Group Query är en funktion som gör det möjligt att göra en lista på utvalda objekt med sina utvalda relaterade objekt. Man kan t ex skapa följande listor:

- Källdokument och de noder man kodat till
- Noder och de källor man kodat
- Attributvärden och de objekt som matchar dessa dessa
- Objekt och deras relationsnoder till
- Objekt och deras länkar
- Objekt och de modeller de förekommer i

♦ **Gör så här**

1 Gå till **Explore | Queries | New Query → Group...**
Standard lagringplats är mappen **Queries**.
Gå till punkt 5.

alternativt

1 Klicka på [**Queries**] i område (**1**).
2 Välj mappen **Queries** eller undermapp.
3 Gå till **Explore | Queries | New Query → Group...**
Gå till punkt 5.

alternativt

3 Peka på tom plats i område (**3**).
4 Högerklicka och välj **New Query → Group...**

Dialogrutan **Group Query** visas:

Rullisten vid **Look For** innehåller följande alternativ:

- Items Coding
- Items Coded At
- Items by Attitude Value
- Relationships
- See Also Links
- Model Items
- Models

Så snart man valt *Selected Items* vid **Scope** eller **Range** blir [**Select...**] aktiv och den öppnar dialogrutan **Select Project Item**. Det exakta innehållet i denna dialogruta bestäms av vilket av ovanstående alternativ som valts.

5 Välj *Items Coding* från rullisten **Look For**.

6 Välj *Selected Items* från rullisten **Scope**.

7 Klicka på [**Select...**].

8 Välj mappen **Internals** och undermappen Interviews i dialogrutan **Select Project Items**.

9 Klicka på [**OK**].

10 Välj *All Nodes and Matrices* från rullisten **Range**.

11 Klicka på [**Run**].

Group Query Results visas som en expanderbar lista i område (**3**). Denna lista kan icke sparas. Själva frågan kan sparas som andra frågor, se kapitel 17, Gemensamma frågefunktioner, sidan 219. Då frågan körs på nytt återfås den aktuella expanderbara listan som resultat.

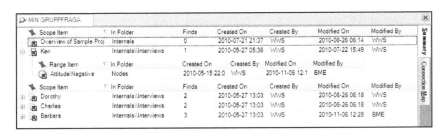

Använd fliken *Connection Map* till höger i område (**4**) och då visas en cirkelgraf över sambanden mellan valda källobjekt och valda noder:

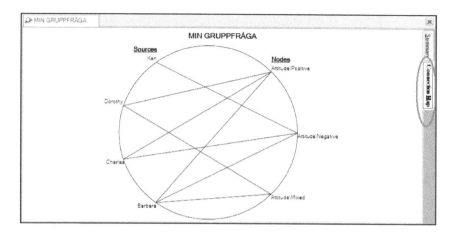

Sortering av objekt

Detta avsnitt gäller alla slags objekt som visas som en lista. Vanligtvis visas dessa objekt i område (**3**), men kan även förekomma i område (**4**) t ex då noder öppnas i Node Display Summary.

♦ **Gör så här**
1 Visa en lista med objekt i område (**3**).
2 Gå till **Layout | Sort & Filter | Sort By → <välj>**.

De alternativ som visas är beroende av vilken slags objekt som listan innehåller. För Nodes där själva objekten kan inordnas hierarkiskt finns ett särskilt sorteringalternativ, Custom.

♦ **Gör så här**
1 Visa en lista med Noder i område (**3**).
2 Gå till **Layout | Sort & Filter | Sort By → Custom**.
3 Markera det eller de objekt du vill flytta. Om du vill flytta mer än ett objekt samtidigt måste de vara närbelägna.
4 Gå till **Layout | Rows & Columns | Row → Move Up/ Move Down**
eller kortkommando **[Ctrl] + [Shift] + [U]/ [Ctrl] + [Shift] + [D]**.

Denna sortering sparas automatiskt även om man tillfälligt sorterar om listan på annat sätt. Man kan alltid återgå till anpassad sortering:

♦ **Gör så här**
1 Visa en lista med objekt i område (**3**).
2 Gå till **Layout | Sort & Filter | Sort By → Custom**.

Detta kommando är en pendelfunktion: används det på nytt sorteras listan i motsatt riktning.

Det går också bra att använda själva kolumnhuvudena för sortering. Vare sig man sorterat med hjälp av kommandon eller genom att klicka på kolumnhuvudet skapas en liten triangel som avslöjar vilken kolumn som använts. Förnyad klick på kolumnhuvudet vänder sorteringen.

Nodes								
Name	Sources	References	Created O	Created By	Modified O	Modified By	
Attitude		880	2010-05-1	WWS	2010-06-2	WWS	
Balance		16	2010-05-1	WWS	2010-11-0	BME	
Community	18	101	2010-05-1	WWS	2010-11-0	BME	
Economy	24	275	2010-05-1	WWS	2010-11-0	BME	
Agriculture	8	20	2010-05-1	WWS	2010-11-0	BME	
Fishing or a	18	168	2010-05-1	WWS	2010-11-0	BME	
Fishing	13	158	2010-06-1	HGP	2010-11-0	BME	

15. ATT STÄLLA SÖKFRÅGOR

Detta avsnitt handlar om hur man kan ställa olika typer av sökfrågor till materialet. Man kan ställa enklare frågor som leder till att man finner vissa objekt eller textelement och man kan ställa mera komplexa frågor som är kombinationer av sökord och noder.

Frågetyperna Text Searches, Coding Queries, Compound Queries och Matrix Coding Queries presenterar svaren som nya noder (tillfälliga noder eller noder som sparas) medan Word Frequency Queries presenterar en rankad ordlista som svar. Frågetypen Group Queries presenterades i förra kapitlet och Coding Comparison Queries behandlas i kapitel 16, Om Teamwork.

Spara en fråga, redigera en fråga, flytta en fråga till annan mapp, ta bort en fråga, visa ett resultat och spara ett resultat behandlas i kapitel 17, Gemensamma frågefunktioner, sidan 219.

Textsökning - Text Search Queries

Textsökning eller Text Search Queries innebär att man söker vissa ord eller kombinationer av ord som förekommer i en eller flera objekt.

♦ **Gör så här**
   1   Gå till **Explore** | **Queries** | **New Query** → **Text Search...**
        Standard lagringsplats är mappen **Queries**.
        Gå till punkt 5.
   alternativt
   1   Klicka på **[Queries]** i område **(1)**
   2   Välj mappen **Queries** i område **(2)** eller undermapp.
   3   Gå till **Explore** | **Queries** | **New Query** → **Text Search...**
        Gå till punkt 5.
   alternativt
   3   Peka på tom plats i område **(3)**.
   4   Högerklicka och välj **New Query** → **Text Search...**

Dialogrutan **Text Search Query** visas:

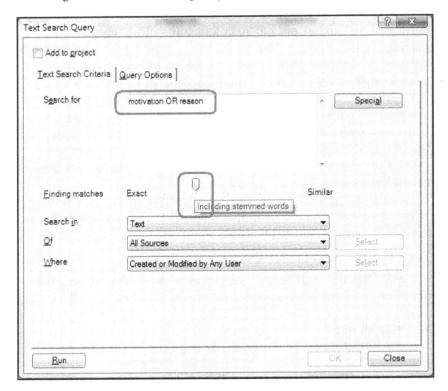

5 Skriv ditt sökord eller dina sökkriteria i textrutan **Search for**, t ex `motivation OR reason` och dra reglaget **Finding matches** åt höger till alternativet *Including* s*temmed words* som gör att sökningen sker på ord med samma stam som sökorden. Fungerar endast på engelska.

Skrivs flera ord i följd, t ex `ADAM EVA`, tolkas detta som en OR-kombination och när citatteckan omger sökorden, `"ADAM EVA"`, tolkas detta som en frassökning.

Reglaget **Finding matches** har fem inställningar och de är, räknat från vänster till höger:

Läge	Innebörd	Exempel
1	Exact matches only	sport
2	Exact matches Words with the same stem	sport, sporting
3	Exact matches Words with same stem Synonyms (words with a very close meaning)	sport, sporting, play, fun
4	Exact matches Words with same stem Synonyms (words with a very close meaning) Specializations (words with a more specialized meaning)	sport, sporting, play, fun, running, basketball
5	Exact matches Words with same stem Synonyms (words with a very close meaning) Specializations (words with a more specialized meaning—a 'type of') Generalizations (words with a more general meaning)	sport, sporting, play, fun, running, basketball, recreation, business

Inställningarna 3 - 5 fungerar endast då något av NVivos sökspråk används. Språkinställningen sker vid **File → Info → Project Properties,** fliken **General:** *Text Search Language.* Om språket är inställt på *None* kan endast läge 1 användas men i kombination med de konventionella operanderna som återfinns under knappen [**Special**].

Knappen [**Special**] ger tillgång till följande alternativa operander:

Alternativ	Exempel	Kommentar
Wildcard ?	ADAM?	? betecknar ett godtyckligt tecken
Wildcard *	EVA*	* betecknar noll eller flera godtyckliga tecken
AND	ADAM AND EVA	Båda orden måste finnas
OR	ADAM OR EVA	Något av orden måste finnas
NOT	ADAM NOT EVA	Adam finns där Eva saknas
Required	+ADAM EVA	Adam måste finnas men Eva finns också
Prohibit	-EVA ADAM	Adam finns där Eva saknas
Fuzzy	ADAM~	Finner alla ord med likande stavning
Near...	"ADAM EVA"~3	Adam och Eva finns inom tre ords avstånd från varandra
Relevance...	ADAM^2EVA	Adam är 2 gånger mer relevant än Eva

6   Klicka på [**Run**].
Svarets format blir beroende av inställningarna under fliken Query Options. Se mer om detta på sidan 221.

Alternativet *Preview Only* under Query Options är en lista på genvägar i område **(4)** och kan se ut så här. Standardfliken är **Summary**:

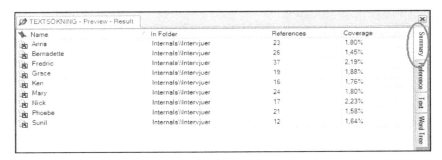

Listan med sökord kan sorteras på olika sätt genom att klicka på resp. kolumnhuvud. När man dubbelklickar på en sådan genväg öppnas objektet med träfforden markerade:

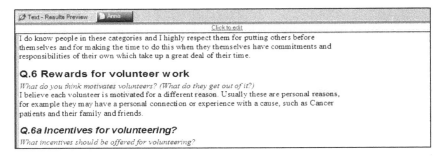

Skapa ett Set

♦ **Gör så här**
  1   Markera den eller de genvägar du vill skapa som ett set.
  2   Gå till **Create | Collections | Create As Set**.
  3   Namnge nytt set och bekräfta med **[OK]**.

  Alternativt om du redan har ett set

♦ **Gör så här**
  1   Markera den eller de genvägar du vill lägga till ett set.
  2   Gå till **Create | Collections | Add To Set**
      eller högerklicka och välj **Add To Set**.
  3   Välj Set i dialogrutan **Select Set**.
  4   Klicka på **[OK]**.

Skapa en nod

◆ **Gör så här**

1 Markera den eller de genvägar du vill skapa som en nod.
2 Högerklicka och välj **Create As → Create As Node...** (flera genvägar sammanslås till en ny nod)
eller
högerklicka och välj **Create As → Create As Nodes...** (varje markerad genväg bildar en ny nod).
3 I dialogrutan **Select Location** anges var nya noden skall lokaliseras.
4 Namnge ny nod eller noder och bekräfta med [**OK**].

Spara resultatet

◆ **Gör så här**

1 Markera den eller de genvägar du vill spara som en nod.
2 Högerklicka och välj **Store Query Results** (alla genvägar sammanslås till en ny nod)
eller
högerklicka och välj **Store Selected Query Results** (markerade genvägar sammanslås till en ny nod)
Dialogrutan **Store Query Results** visas.
3 Ange var resultatnoden skall sparas och namnge noden.

Visningsläge *Reference* visar 5 ord på var sida om träffordet (Coding Context) och i övrigt är bilden densamma som för en öppnad nod:

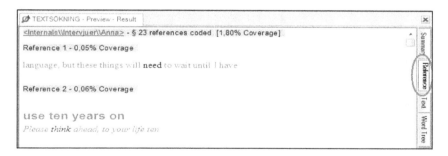

Visningsläge *Text* är detsamma som för en öppnad nod:

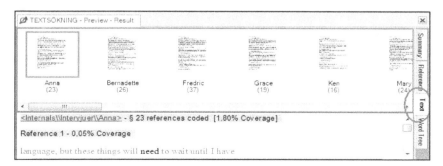

Visningsläge *Word Tree* är unikt för textsökning och när Query Options är inställt på Preview:

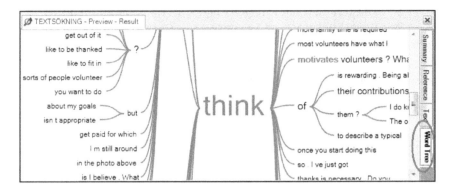

Nu visas en ny menyflik, **Word Tree**, och där återfinns bl a en lista som heter Root Term. I den listan, som är sorterad efter förekomst, visas de ord som är resultatet av inställningen av **Finding matches**. För varje Root Term skapas ett nytt Word Tree. Det går också att ange antalet ord (Context Words) som omgärdar en Root Term.

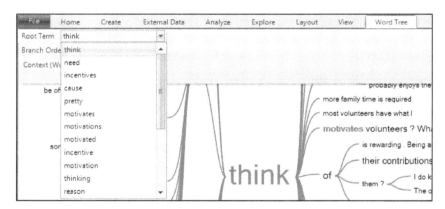

Slutligen kan man klicka på en gren i trädet och då blir hela grenen markerad och dubbelklickar man så öppnas en preview av det akuella källobjektet.

Kodningsfrågor - Coding Queries

Kodningsfrågor eller Coding Queries används när man kommit lite längre i sin kodning. Erfarenhet av kodning och att skapa frågor utvecklar kodningstekniken i positiv riktning. Följande alternativ och funktioner förklaras på sidan 219 och framåt:

- Automatically select subfolders
- Automatically select hierarchy
- [**Filter**]-knappen

◆ **Gör så här**

1 Gå till **Explore | Queries | New Query → Coding...**
Standard lagringsplats är mappen **Queries**.
Gå till punkt 5.

alternativt

1 Klicka på [**Queries**] i område (**1**).
2 Välj mappen **Queries** i område (**2**) eller undermapp.
3 Gå till **Explore | Queries | New Query → Coding...**
Gå till punkt 5.

alternativt

3 Peka på tom plats i område (**3**).
4 Högerklicka och välj **New Query → Coding...**

Dialogrutan **Coding Query** visas:

5 Gå till fliken **Coding Criteria** och välj antingen underflik **Simple** eller **Advanced**.

Fliken Coding Criteria → Simple

Exempel: Vad har personer i åldersgruppen 30 - 39 för målsättning med frivilligarbete? Vi begränsar först till noden *Personal Goals.*

- ◆ **Gör så här**
    1 Välj fliken **Coding Criteria → Simple**.
    2 Välj *Selected Items* från rullisten **In**.
    3 Klicka på knappen [**Select...**].

Dialogrutan **Select Project Items** visas:

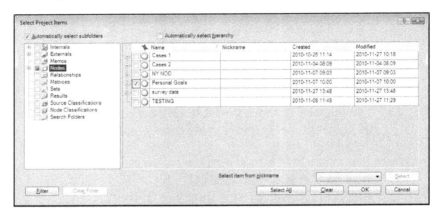

I vänstra fönstret visas hela mappstrukturen i projektet och i högra fönstret visas de objekt (dokument, noder) som tillhör den aktiva mappen.

    4 Vi väljer noden *Personal Goals.* Efter att ha bekräftat med [**OK**] återvänder vi till dialogrutan **Coding Query**.

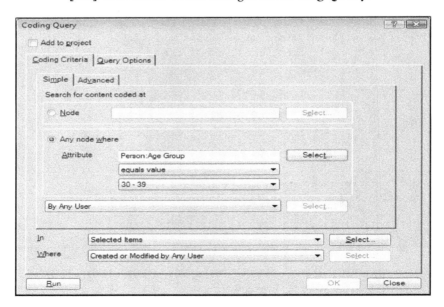

5 Klicka på knappen [**Select...**] vid alternativet *Any Node Where* och dialogrutan **Select Project Items** visas enbart Classifications och Attribut..

6 Välj Attributet Age Group och värdet 30 - 39. Klicka på [**OK**].

7 Klicka på [**Run**] i dialogrutan **Coding Query**.

Svarets format blir beroende av inställningarna under fliken **Query Options**. Se mer om detta på sidan 221.

Fliken Coding Criteria → Advanced

Flikarna **Simple** och **Advanced** är oberoende av varandra. Detta läge möjliggör flera och mera komplicerade sökkriterier. Denna gång vill vi begränsa sökningen till kvinnor i åldersgruppen 30 - 39 och söka i de två noderna Personal Goals och Family Values.

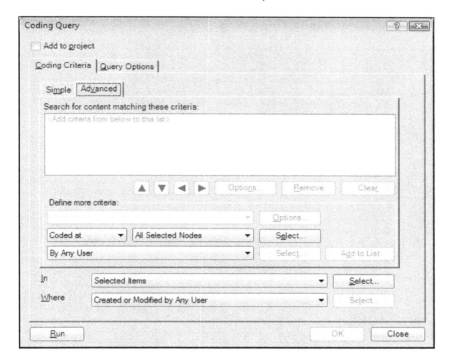

♦ **Gör så här**

1 Välj fliken **Coding Criteria → Advanced**.

2 I sektionen **Define more criteria** välj alternativet *Coded at* och *Any Node Where*, därefter knappen [**Select...**].

Dialogrutan **Coding Search Item** visas:

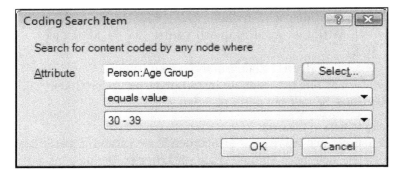

3 Välj attributet och värdet *Age Group / equals value / 30-39*.
4 Bekräfta med [**OK**] och klicka sedan på [**Add to List**] i dialogrutan **Coding Query**.

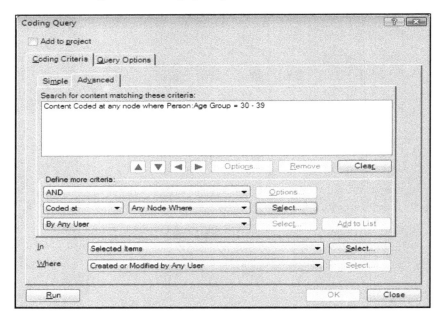

5 Återgå till fältet **Define more criteria**, välj operand[1] *AND, Coded at / Any Node Where*.
6 Med knappen [**Select...**] väljs sedan *Gender / equals value / Female* i dialogrutan **Coding Search Item**.

---

[1] Se sidan 227 och framåt för fler operander på denna rullist.

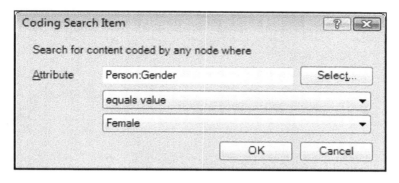

7 Bekräfta med [**OK**] och klicka sedan på [**Add to List**] i dialogrutan **Coding Query**.

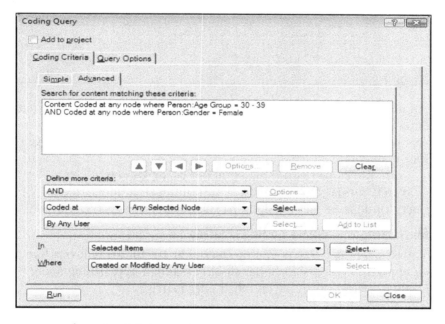

8 Återgå till fältet Define more criteria, välj operand[2] *AND, Coded at / Any Selected Node Where*. Med knappen [**Select**] väljs sedan de två noderna Personal Goals och Family Values.

9 Bekräfta med [**OK**] och klicka sedan på [**Add to List**] i dialogrutan **Coding Query**.

---

[2] Se sidan 227 och framåt för fler operander på denna rullist.

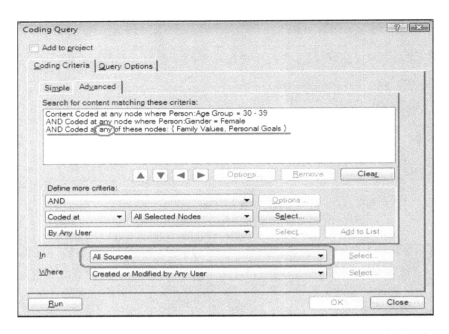

I det sista kriteriet är det viktigt att välja "any of these nodes" och detta motsvarar ett logiskt OR i kriteriet. Vi har nu återgått till sökning i *All Sources* eftersom kriterierna ändå begränsar sökningen som vi önskar.

    10   Klicka på [**Run**] i dialogrutan **Coding Query**.

Svarets format blir beroende av inställningarna under fliken Query Options. Se mer om detta på sidan 221.

Matrisfrågor – Matrix Coding Queries

Matrisfrågor eller Matrix Coding Queries är till för att redovisa hur en uppsättning noder förhåller sig till en annan uppsättning noder. Resultatet visas i form av en tabell eller matris.

♦   **Gör så här**

    1   Gå till **Explore | Queries | New Query → Matrix Coding...**
        Standard lagringsplats är mappen **Queries**.
        Gå till punkt 5.

alternativt

    1   Klicka på [**Queries**] i område (**1**).
    2   Välj mappen **Queries** i område (**2**) eller undermapp.
    3   Gå till **Explore | Queries | New Query → Matrix Coding...**
        Gå till punkt 5.

alternativt

    3   Peka på tom plats i område (**3**).
    4   Högerklicka och välj **New Query → Matrix Coding...**

Dialogrutan **Matrix Coding Query** visas:

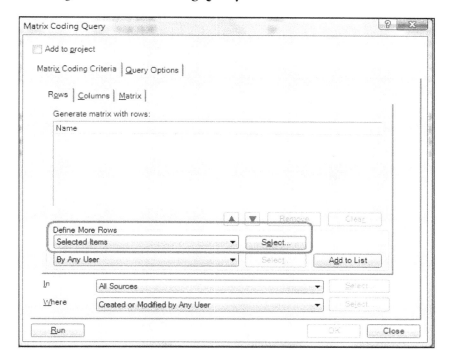

5 Välj fliken **Matrix Coding Criteria** och underfliken **Rows**.
6 Välj *Selected Items* från rullisten **Define More Rows**.
7 Klicka på [**Select...**].
Dialogrutan **Select Project Item** visas:

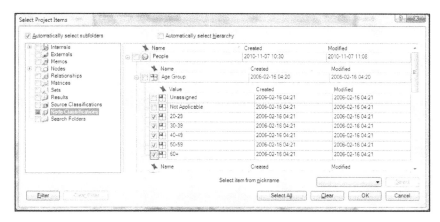

8 Välj **Node Classifications\\People\\Age Group** och markera de värden du vill använda. Klicka på [**OK**].
9 Klicka på [**Add to List**].

Resultatet kan se ut så här:

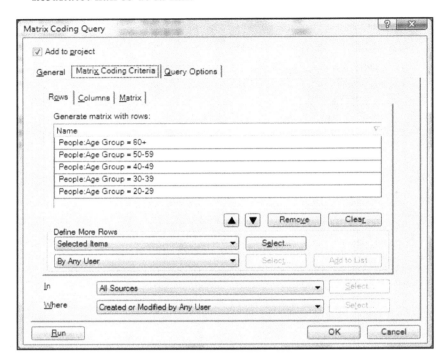

10 Välj fliken **Matrix Coding Criteria** och underfliken
    Columns.
11 Välj *Selected Items* från rullisten **Define More Columns**.
12 Klicka på [**Select...**].
Dialogrutan **Select Project Items** visas.

13 Välj **Nodes\\Experience** och markera de noder du vill
    studera. Klicka på [**OK**].
14 Klicka på [**Add To List**].

När man definierat kolumnerna kan resultatet se ut så här:

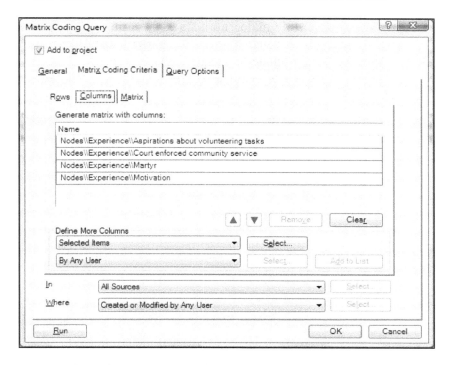

Enskilda noder som man önskar ta bort markeras och därefter klickar man på [**Remove**]. Hela listan tas bort med [**Clear**]. Om man vill ändra ordningen markerar men en nod och användare sedan pilknapparna upp eller ned.

15 Välj fliken **Matrix Coding Criteria** och underfliken **Matrix**.

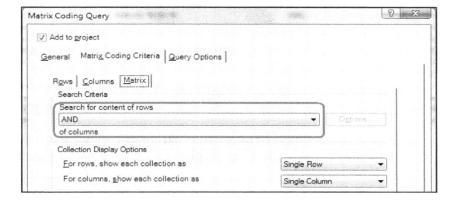

Här finns möjlighet att välja operand[3] i skärningen mellan rader och kolumner.

16 Klicka på [**Run**] i dialogrutan **Matrix Coding Query**.

Svarets format blir beroende av inställningarna under fliken **Query Options**. Se mer om detta på sidan 221.

Alternativet *Preview Only* visar matrisen i område (**4**) och kan se ut så här:

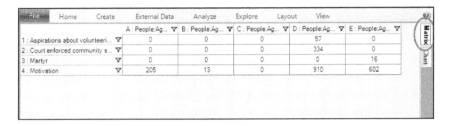

Det går också att visa ett Chart över denna matris. Klicka på fliken *Chart* till höger i delfönstret:

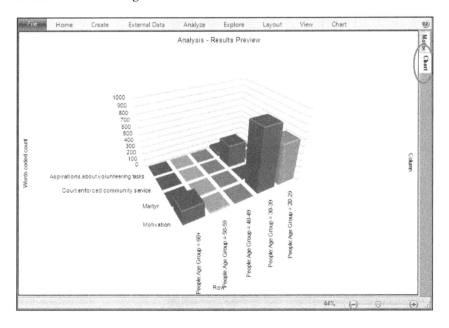

Lägg märke till menyfliken Chart visas när matrisen visas som Chart. Under denna menyflik finns möjlighet att justera, formatera, zooma och rotera bilden.

---

[3] Se sidan 227 och framåt för fler operander på denna rullist.

Öppna en cell

En matris är en samling celler där varje cell är en nod och därför måste man kunna studera varje enskild cell för sig.

♦ **Gör så här**

1 Öppna din matris.

2 Välj den cell du vill öppna.

3 Högerklicka och välj **Open Matrix Cell** eller dubbelklicka på cellen.

Cellen öppnas och kan analyseras som vilken annan nod som helst. Denna nod utgör en del av matrisen och om man vill spara den som ny nod kan man markera hela den öppnade noden i visningsläge *Reference* och använda **Code Selection** → **Code Selections At New Node**.

Visa cellens innehåll

Det finns flera alternativ för vad som skall visas i matrisens celler (när cellerna inte är öppna).

♦ **Gör så här**

1 Öppna din matris.

2 Gå till **View | Detail View | Matrix Cell Content** → <välj> eller högerklicka och välj **Matrix Cell Content** → <välj> något av följande alternativ:

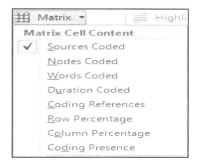

Visa/dölja radnummer (pendelfunktion)

♦ **Gör så här**

1 Öppna din matris.

2 Gå till **Layout | Show/Hide | Row IDs** eller högerklicka och välj **Row** → **Row Ids**.

Dölja rader

♦ **Gör så här**

1 Öppna din matris.

2 Markera en eller flera rader som du vill dölja.

3 Gå till **Layout | Show/Hide | Hide Row** eller högerklicka och välj **Row** → **Hide Row**.

Visa/dölja rader med filterfunktionen

◆ **Gör så här**

1 Öppna din matris.
2 Klicka på "tratten" i ett visst kolumnhuvud
eller markera en kolumn och gå till **Layout | Sort & Filter | Filter → Filter Row**.

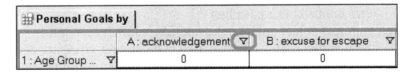

Dialogrutan **Matrix Filter Options** visas:

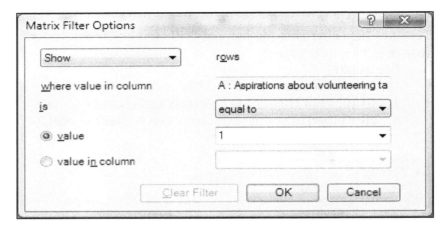

3 Välj värde och operand som skall gälla för visa eller dölja.
Bekräfta med **[OK]**. När du applicerat ett filter blir tratten *röd*.
För att återställa ett sådant filter använder man **[Clear Filter]** i dialogrutan **Matrix Filter Options**.

Visa dolda rader

◆ **Gör så här**

1 Öppna din matris.
2 Markera en rad på var sida om den dolda rad du vill visa.
3 Gå till **Layout | Show/Hide | Unhide Row**
eller högerklicka och välj **Row → Unhide Row**.

Visa alla dolda rader

◆ **Gör så här**

1 Öppna din matris.
2 Gå till **Layout | Sort & Filter | Filter → Clear All Row Filters**
eller högerklicka och välj **Row → Clear All Row Filters**.

Visa/dölja kolumnbokstav (pendelfunktion)

♦ **Gör så här**

1 Öppna din matris.
2 Gå till **Layout | Show/Hide | Column IDs**
eller högerklicka och välj **Column → Column IDs**.

Dölja kolumner

♦ **Gör så här**

1 Öppna din matris.
2 Markera en eller flera kolumner som du vill dölja.
3 Gå till **Layout | Show/Hide | Hide Column**
eller högerklicka och välj **Column → Hide Column**.

Visa dolda kolumner

♦ **Gör så här**

1 Öppna din matris.
2 Markera en kolumn på var sida om den dolda kolumn du vill visa.
3 Gå till **Layout | Show/Hide | Unhide Column**
eller högerklicka och välj **Column → Unhide Column**.

Visa alla dolda kolumner

♦ **Gör så här**

1 Öppna din matris.
2 Gå till **Layout | Sort & Filter | Filter → Clear All Column Filters**
eller högerklicka och välj **Column → Clear All Column Filters**.

Transponera matrisen (pendelfunktion)

Detta innebär att rader och kolumner byter plats.

♦ **Gör så här**

1 Öppna din matris.
2 Gå till **Layout | Transpose**
eller högerklicka och välj **Transpose**.

Flytta en kolumn åt vänster eller höger

♦ **Gör så här**

1 Öppna din matris.
2 Markera den eller de kolumner du vill flytta. Om du vill flytta mer än en kolumn samtidigt måste de vara närbelägna.
3 Gå till **Layout | Rows & Columns | Column → Move Left/Move Right**.

Återställa hela matrisen

♦ **Gör så här**

1 Öppna din matris.
2 Gå till **Layout | Tools | Reset Settings**
eller högerklicka och välj **Reset Settings**.

Visa celler skuggade eller färgade (pendelfunktion)

♦ **Gör så här**

1 Öppna din matris.
2 Gå till **View | Detail View | Matrix** → **Matrix Cell Shading** → <välj>
eller högerklicka och välj **Matrix Cell Shading** → <välj>.

Exportera en matris

♦ **Gör så här**

1 Öppna eller markera din matris.
2 Gå till **External Data | Export | Export Matrix...**
eller kortkommando **[Ctrl] + [Shift] + [E]**
eller högerklicka och välj **Export Matrix...**

Dialogrutan **Save As** öppnas och du kan välja lagringsplats, filnamn och skapa en textfil eller en Excel-fil.

När man går till visning av Chart kan man exportera bilden som .JPG,. BMP eller .GIF.

Konvertera en matris till noder

Det finns situationer då man behöver konvertera celler i en matris till noder för vidare analys.

♦ **Gör så här**

1 Öppna eller markera din matris.
2 Kopiera genom att gå till **Home | Clipboard | Copy**
eller kortkommando **[Ctrl] + [C]**
eller högerklicka och välj **Copy**.
3 Klicka på **[Nodes]** i område **(1)**.
4 Välj mappen **Nodes** eller undermapp.
5 Gå till **Home | Clipboard | Paste** → **Paste**
eller kortkommando **[Ctrl] + [V]**
eller högerklicka och välj **Paste**.

Dialogrutan **Paste** visas:

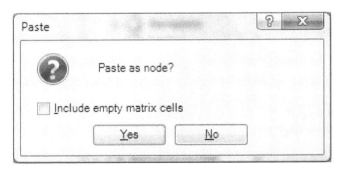

7 Klicka på **[Yes]**.

Resultatet är ett nodträd där Parent får namn efter matrisen och närmaste children är raderna i matrisen och respektive grandchildren är varje cells innehåll i form av noder.

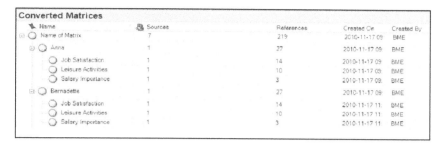

Dessa noder kan bl a användas för Cluster analysis, se sidan 239.

Ordförekomst - Word Frequency Queries

Ordförekomst eller Word Frequency Queries gör det möjligt att göra en lista på de mest förekommande orden i utvalda objekt: dokument, noder, memo etc.

♦ **Gör så här**

1 Gå till **Explore | Queries | New Query → Word Frequency...**
Standard lagringsplats är mappen **Queries**.
Gå till punkt 5.

alternativt

1 Klicka på [**Queries**] i område (**1**).
2 Välj mappen **Queries** i område (**2**) eller undermapp.
3 Gå till **Explore | Queries | New Query → Word Frequency...**
Gå till punkt 5.

alternativt

3 Peka på tom plats i område (**3**).
4 Högerklicka och välj **New Query → Word Frequency...**

Dialogrutan **Word Frequency Query** visas:

Reglaget **Finding matches** är detsamma som beskrivits för **Text Search Queries**, se sidan 185.

5   När man väljer *Selected Items* från rullisten **Of** och klickar på [**Select...**] öppnas dialogrutan **Select Project Items** som hanteras på samma sätt som vid andra frågor.

6   Efter att ha valt objekt och andra alternativ, klicka på [**Run**].

Svaret kan se ut så här, fliken *Summary* öppnas först:

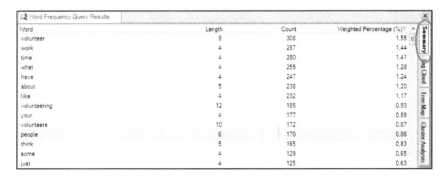

Markera *ett* ord (går ej att markera flera ord för dessa alternativ),
högerklicka och följande alternativ föreligger:

- *Open Node Preview* (eller dubbelklicka eller **[Ctrl]** + **[Shift]** + **[O]**)
  Öppnas som en nod med sökord och synonymer och Narrow
  Coding Context (5 ord).
- *Run Text Search Query*
  Visar dialogrutan **Text Search Query** med sökord och synonymer
  inlagda och kan editereas och köras.
- *Export List...*
- *Print List...*
- *Create As Node...*
  Skapar en nod med sökord och synonymer med Narrow Coding
  Context (5 ord). Context-läget för den nya noden finns kvar i
  mappen Nodes eller undermapp under pågående arbetspass.
- *Add to Stop Word List*

Fliken *Tag Cloud* visar denna bild:

Storleken på orden avspeglar dess förekomst. Klicka på ett ord och
en Text Search Query aktiveras med resultatet som preview.

Fliken *Tree Map* visar denna bild:

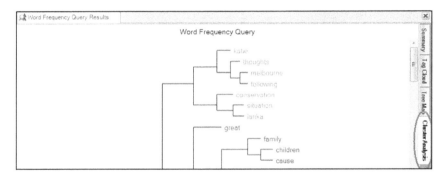

Ytan i bild avspeglar ordens förekomst. Klicka på ett ord och en Text Search Query aktiveras med resultatet som preview.

Fliken *Cluster Analysis* visar denna bild:

När denna flik valts visas även menyfliken **Cluster Analysis** och då kan man välja mellan att visa 2D Cluster Map, 3D Cluster Map, Horizontal Dendrogram eller Vertical Dendrogram.

Sammansatta frågor - Compound Queries

Sammansatta frågor eller Compound Queries möjliggör mera komplexa frågor där text kan kombineras med nod.

♦ **Gör så här**

1 Gå till **Explore | Queries | New Query → Compound...**
   Standard lagringsplats är mappen **Queries**.
   Gå till punkt 5.

alternativt

1 Klicka på **[Queries]** i område **(1)**.

2 Välj mappen **Queries** i område **(2)** eller undermapp.

3 Gå till **Explore | Queries | New Query → Compound...**
   Gå till punkt 5.

alternativt

3 Peka på tom plats i område **(3)**.

4   Högerklicka och välj **New Query** → **Compound...**

Dialogrutan **Compound Query** visas. Frågan är uppdelad i
Subquery 1 och Subquery 2. Operanden[4] mellan dessa kan väljas fritt.
Tänk på att operanderna AND och OR inte finns bland alternativen.

5   Välj *Coding Query* under **Subquery 1**.
6   Knappen [**Criteria...**] öppnar dialogrutan **Subquery**
      Properties som liknar dialogrutan **Coding Query** med
      skillnaden att alternativet *Add To Project* och fliken **Query**
      Options saknas.

---

[4] Se sidan 227 och framåt för fler operander på denna rullist.

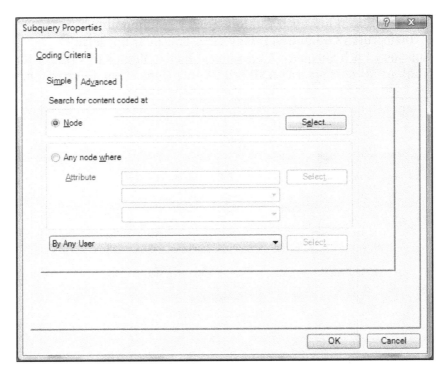

7   Vi använder fliken **Advanced** och anger följande
    sökkriterier: Noden foreign countries AND åldersgruppen
    20-29. Se avsnittet om Coding Queries på sidan 189.
8   Klicka på [**OK**].
9   I dialogrutan **Compound Query** välj operanden *NEAR
    Content* och med knappen [**Options...**] väljer man
    Overlapping.
10 Välj *Text Search Query* vid **Subquery 2**.
11 Knappen [**Criteria...**] öppnar dialogrutan **Subquery
    Properties** som liknar dialogrutan **Text Search Query** med
    skillnaden att alternativet *Add To Project* och fliken **Query
    Options** saknas.

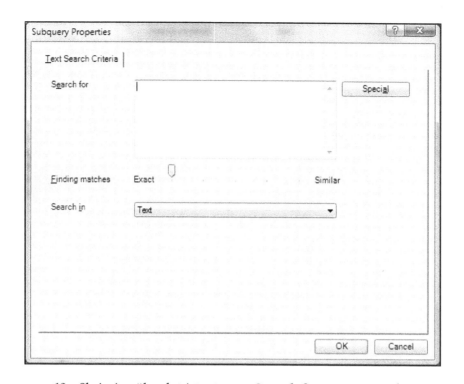

12 Skriv in sökordet i textrutan **Search for**, `excite`, och använd reglaget **Finding matches** så att sökningen sker på stamord och synonymer.

Reglaget **Finding matches** är detsamma som beskrivits för **Text Search Queries**, se sidan 185.

13 Klicka på **[OK]**.

14 Klicka på **[Run]** i dialogrutan **Compound Query**.

Svarets format blir beroende av inställningarna under fliken **Query Options**. Se mer om detta på sidan 221.

16. OM TEAMWORK

Det blir allt vanligare att man arbetar i team vid kvalitativa studier. Med avseende på NVivo är det därmed några viktiga observationer och ställningstaganden man måste göra. Flera användare kan i tur och ordning arbeta i samma projektfil. Samma fil kan dock bara öppnas av en användare i taget. Varje medlem sätter sin identitet på de objekt som bearbetas.

Alternativt kan var och en arbeta i sin projektfil som sedan vid fastställda tidpunkter sammanfogas till ett masterprojekt.

Vid arbete i teamwork kan man ställas inför dessa alternativa sätt att arbeta:

- Medlemmarna arbetar med samma data men var och en skapar sina egna noder och kodar därefter
- Varje medlem arbetar med olika data men använder en gemensam nodstruktur
- Varje medlem arbetar med både samma data och samma nodstruktur

Sammanfoga projekt beskrivs på sidan 51 och tänk noga igenom de alternativ som framgår av dialogrutan **Import Project**. Om noder med samma namn skall sammanfogas markerar man Merge into existing item. Tänk på att noder och andra objekt måste ha samma namn och finnas på samma nivå i mappstrukturen för att kunna sammanfogas och källobjekt måste ha exakt samma innehåll.

Det är viktigt att förstå vad som menas med aktiv användare eller current user. Det är den person som anges i **File → Options** och dialogrutan **Application Options**, fliken **General**. Här kan man ändra användare medan ett projekt är öppet. Man kan dock inte lämna dessa uppgifter tomma.

Om man väljer alternativet *Prompt for user on launch* visas dialogrutan **Welcome to Vivo** varje gång programmet startas:

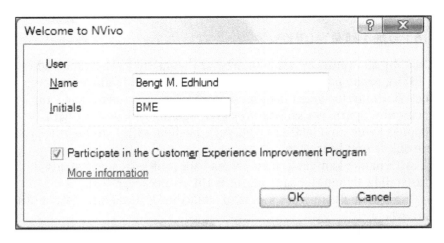

De användare som gjort något arbete i projektet finns listade vid
File → Info → Project Properties... och dialogrutan **Project Properties**, fliken **Users**:

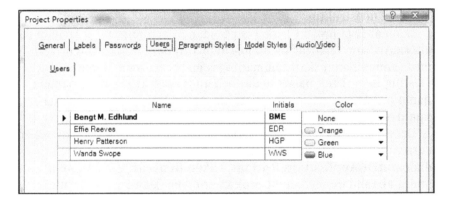

Aktiv användare är markerad med fetstil. Triangeln till vänster markerar den som först skapade projektet. Här kan man inte ändra namnet men man kan ändra initialerna. Man kan också ersätta en användare med någon av de andra i listan. Till vänster i statusfältet längst ner på bildskärmen visas aktiv användare:

De angivna initialerna kommer att användas för att identifiera samtliga objekt som denne användare skapar eller ändrar.

Visa kodning av viss team-medlem

Man kan granska den kodning som gjorts av en eller flera medlemmar i teamet.

♦ **Gör så här**
1 Öppna den nod som skall granskas.
2 Gå till **View | Detail View | Node → Coding by Users →
<välj>**.
3 Välj något av alternativen *All Users, Current User, Selected
User..., Select Users...*

Standardinställningen är All Users och under pågående arbetspass
står den för tillfället valda inställningen kvar. När man väljer Select
Users visas de användare som använt denna nod med fetstil. När en
viss användare valts visas en trattsymbol i statusfältet.

Studera kodlinjer

Kodlinjer (Coding stripes och sub-stripes) kan användas för att
studera team-medlemmars kodning. Se även sidan 166.

♦ **Gör så här**
1 Öppna det källobjekt som skall granskas.
2 Gå till **View | Coding | Coding Stripes → <välj>**.
3 Välj **Selected Items**.

Dialogrutan **Select Project Items** visas.

Om man väljer gruppen Users kommer motsvarande sub-stripes att
vara enskilda noder.

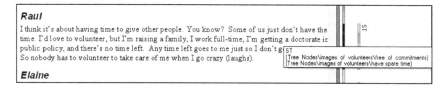

Om man i stället väljer gruppen Nodes kommer motsvarande sub-
stripes att vara enskilda användare.

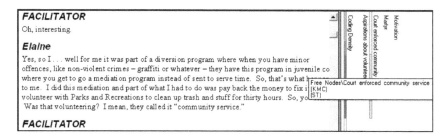

Coding Comparison Query

När man sammanfogar projekt behålls medlemmars identiteter och därför kan man jämföra hur två grupper av personer har kodat samma material. På detta sätt kan man få en uppfattning om validiteten i studien. Förutsättningen för en sådan jämförelse är att man använder samma källmaterial och samma nodstruktur.

♦ **Gör så här**
1   Gå till **Explore | Queries | New Query → Coding Comparison...**
     Standard lagringsplats är mappen **Queries**.
     Gå till punkt 5.
alternativt
1   Klicka på **[Queries]** i område **(1)**.
2   Välj mappen **Queries** i område **(2)** eller undermapp.
3   Gå till **Explore | Queries | New Query → Coding Comparison...**
     Gå till punkt 5.
alternativt
3   Peka på tom plats i område **(3)**.
4   Högerklicka och välj **New Query → Coding Comparison...**
Dialogrutan **Coding Comparison Query** visas:

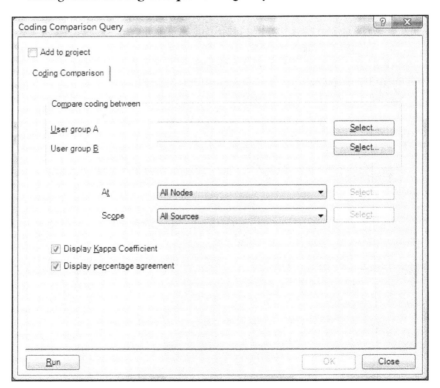

5 Definiera User group A resp. B med hjälp av [Select...]-knapparna som ger dig tillgång till de användare som arbetat i projekten.
6 Vid **At** kan man välja den eller de noder som skall jämföras.
7 Vid **Scope** väljer man den eller de källobjekt som skall jämföras.
8 Välj minst ett av alternativen *Display Kappa Coefficient* eller *Display percentage agreement*.
9 Spara eventuellt frågan genom att välja *Add To Project*.
10 Kör frågan med [**Run**].

Resultatet kan se ut så här:

Kolumnerna för procentsatser har följande betydelse:

- **Agreement Column** = summan av kolumnerna **A and B** och **Not A and Not B.**
- **A and B** = procentandelen data som kodats till den valda noden av både grupp A och grupp B.
- **Not A and Not B** = procentandelen data som kodats varken av grupp A eller grupp B.
- **Disagreement Column** = summan av kolumnerna **A and Not B** och **B and Not A**.
- **A and Not B** = procentandelen data som kodats av grupp A men inte av grupp B.
- **B and Not A** = procentandelen data som kodats av grupp B men inte av grupp A.

Från varje rad i resultatet av en Coding Comparison Query kan den aktuella noden studeras så här:

◆ **Gör så här**
1 Markera en rad från resultatlistan.
2 Gå till **Home | Open | Open Node...**
eller kortkommando [**Ctrl**] + [**Shift**] + [**O**]
eller högerklicka och välj **Open Node...**

Noder som öppnas från en sådan resultatlista visas med kodningslinjer och substripes för var och en av de användare som jämförs.

För varje rad i resultatet av en Coding Comparison Query kan det aktuella källobjektet studeras så här:

♦ **Gör så här**
1 Markera en rad från resultatlistan.
2 Gå till **Home | Open | Open Source...**
   eller högerklicka och välj **Open Source...**
   eller dubbelklicka på raden.

Källobjekt som öppnas från en sådan resultatlista visas med kodningslinjer och substripes för var och en av de användare som jämförs:

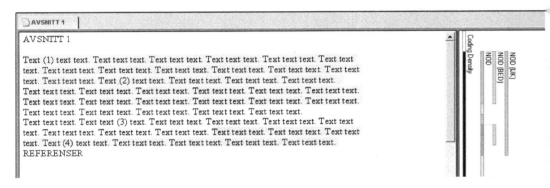

Kodlinjerna kan för övrigt alltid visa varje individuell kodares arbete. Detta görs genom att peka på en viss kodlinje, högerklicka och välj **Show Sub-Stripes** och sedan välja en eller flera användare. Man döljer på motsvarande sätt med **Hide Sub-Stripes**.

Models och rapporter

Vid projektmöten är det mycket illustrativt att att använda sig av modeller som beskrivits i kapitel 18, Om Models. En nodstruktur visas väldigt bra med hjälp av dessa scheman.

Rapporter skapas genom att gå till **Explore | Reports | New Report** och kan användas för att studera noder och kodning med referens till vilka användare som medverkat. Se vidare kapitel 20, Reports och Extracts.

Några tips för teamwork

- Utse en NVivo-samordnare för hela forskningsprojektet.
- Utarbeta praxis för filnamn, Word-mallar, skrivskydd, lagring, backup och distribution av filer. Hur arkiveras tidigare versioner?
- Hur skall ljud- och videofiler skapas (format etc.) och distribueras? Skall de lagras som inbäddade objekt eller externa filer?
- Utarbeta en nodstrategi. Denna kan distribueras på flera sätt. Man kan göra en nodmall som består av ett projekt med enbart noder dvs utan källobjekt. Till varje nod bör finnas en instruktion som kan skrivas i fältet Description (max 512 tecken) eller hellre i form av ett länkat memo, som är lättare att skriva, läsa och skriva ut. En sådan mall kan sedan distribueras till team-medlemmarna och sparas med nytt namn och sedan kan man importera dokument och utveckla projektet. En sådan nodstruktur får inte modifieras av användarna. När nya ideer uppstår skall de i stället dokumenteras i form av nya, öronmärkta noder.
- Bestäm hur noder med klassifikationer skall användas. Sådana noder kan vara intervjupersoner eller andra undersökningsobjekt som t ex platser, yrkesgrupper, produkter, organisationer, fenomen. Man kan också använda flera klassifikationer. I vissa fall kan det också vara användbart att definiera och använda Source Classifications.
- Utarbeta praxis för uppdatering av sammanfogade projekt, masterprojektet.
- Håll regelbundna projektmötena som bör omfatta alla de möjligheter till jämförelser av gjorda arbeten som nämns i detta avsnitt. Protokollför en summering av diskussioner och beslut.

Arbetsgång

Först skall man förvissa sig om att gruppens medlemmar har rätt användarnamn vid arbete med delprojekten.

Vi antar att arbetet har fortskridit till en viss punkt så att medlemmarna har var sitt bidrag till projektet. Starta sedan med att skapa ett helt nytt projekt med nytt namn som tydligt anger att det är ett sammanslaget projekt. Det kan också vara klokt att för detta ändamål skapa ett helt nytt användarnamn.

Importera sedan ett delprojekt i sänder genom att använda **Import Project** och förslagsvis alternativet "Merge into existing item". Objekt med samma namn (och som tillhör mapp med samma namn) kommer att slås samman till ett objekt med den användaridentitet som sist importerades. Källobjekt som kodats eller noder kan därefter undersökas med avseende på den kodning som gjorts av individuell användare.

Analysverktyg

- Använd *View Coding Stripes by Selected Users* (or *View Substripes*).
- En öppnad nod kan också undersökas genom *View Coding by Users.*
- Slutligen kan man också använda *Coding Comparison Query* varigenom man får en jämförelse mellan två kodare eller två grupper av kodare och därmed en förbättrad uppfatting om validiteten i arbetet.

Fortsatt arbete

Efter att ha studerat ett sammanslaget projekt finns det egentligen två alternativ till fortsatt arbete:

- Var och en av deltagarna fortsätter med sina individuella projekt och vid en ny överenskommen tidpunkt gör man en helt ny sammanslagning och lämnar det tidigare sammanslagna projektet till arkivet.
- Forsätt att arbeta i det sammanslagna projektet och lämna i stället de individuella projekten för arkivering.

Man kan tänka sig att man fortsätter enligt alternativ 1 fram till en viss tidpunkt för att småningom besluta sig för att enbart fokusera på det sammanslagna projektet.

17. GEMENSAMMA FRÅGEFUNKTIONER

Detta avsnitt tar upp sådana funktioner och egenskaper som är gemensamma för flera frågetyper. Filterfunktionen som beskrivs här är en sådan gemensam funktion och kan användas på många sätt. Ett sätt är att låta filterfunktionen göra en grovgallring bland många objekt så att det blir lättare att finna de man söker. Man kan t ex låta filtret begränsa urvalet tillfälligt till noder som skapades förra veckan för att sedan gå vidare.

Filterfunktionen

Knappen [**Select...**] återfinns i diverse dialogrutor i samband med att man ställer frågor. Denna knapp öppnar alltid dialogrutan **Select Project Items**:

Automatically select subfolders innebär att när man väljer en mapp i vänstra fönstret kommer undermapparna med sin samtliga objekt samtidigt att väljas. De mappar som inte kan ha undermappar (Nodes, Sets, Results) kommer i stället att välja objekt i dessa mappar.

Automatically select hierarchy innebär att när man väljer ett visst objekt i högra fönstret kommer underliggande objekt samtidigt att väljas.

Knappen [**Filter**] finns alltid i dialogrutan **Select Project Items** och den öppnar dialogrutan **Advanced Find**:

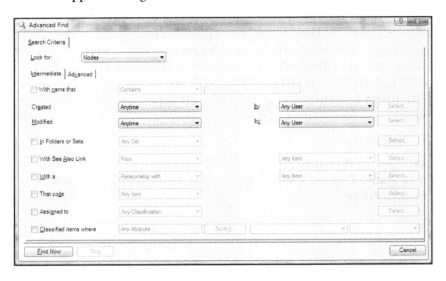

Här har vi alltså kommit tillbaka till samma sökfunktioner som vi beskrev under avsnittet Advanced Find på sidan 174.

Spara en sökfråga

Sökningar som görs på ovanstående sätt kan sparas för att kunna återanvändas eller modifieras. Vi exemplifierar med en textsökning, och vi antar att sökkriteriet redan angivits.

♦ **Gör så här**
   1   I dialogrutan **Text Search Query** markeras *Add To Project*, varvid en ny flik **General** skapas:

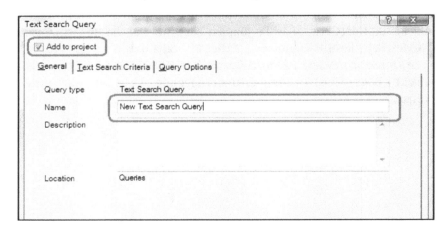

   2   Skriv namn (obligatoriskt) och eventuellt beskrivning, därefter [**Run**].

Spara ett resultat

Resultatet av en sökning kan presenteras enbart som visning på skärmen dvs *Preview Only* som innebär att resultatet visas i område (4) men sparas inte. *Preview Only* för Text Search Queries innebär att en lista med genvägar visas, se sidan 186. *Preview Only* för Matrix Queries är en matris, se sidan 198. *Preview Only* för Coding Queries och Compound Queries kan se ut så här:

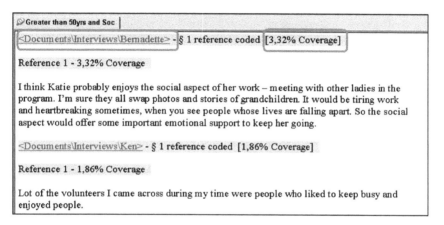

Länken med namnet på objektet öppnar dokumentet i område (4). Uppgiften *Coverage* innebär att noden eller svaret på frågan som ställts motsvarar en viss procentandel av hela objektet.

Länken öppnar källobjektet och aktuell kodning visas med gulbrun markering. Det kan se ut så här:

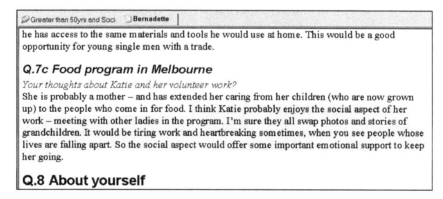

Om man vill spara resultatet som en nod kan man välja bland några alternativ t ex *Create Results as New Node*.

♦ **Gör så här**

1 I dialogrutan **Text Search Query** klicka på fliken **Query Options**.

2 Välj *Create Results as New Node* från rullisten **Results; Options**. Välj *Open results* om du även vill öppna noden när frågan körs. Välj *Create results if empty* om du vill skapa en "tom" nod vid nollsvar.

3 Acceptera standardalternativet **Location** *Results*[5] eller med knappen [**Select**] välj annan plats, t ex *Nodes* om du önskar kunna göra framtida kodning mot denna nod.

4 Skriv namn (obligatoriskt) och eventuellt beskrivning, därefter [**Run**].

I avsnittet **Spread Coding** kan man välja hur kodningen mera i detalj skall utföras. Följande alternativ finns: *None, Words, Surrounding Paragraphs, Surrounding Heading Level, Surrounding Coding Reference, Entire Source.*

- ♦ -

Med **Explore | Queries | Last Run Query** visas på nytt dialogrutan <...> **Query Properties** och man kan göra modifieringar av sina inställningar. Varje gång sökningen görs på nytt sparas den förutsatt

---

[5] När man sparar resultat i mappen Results kan dessa noder icke editeras.

att ett sådant alternativ valts. Samtidigt kan man exempelvis ändra på **Spread Coding** till *Surrounding Paragraphs*.

Om mappen Results

Mappen Results är standard (default) när en fråga skall sparas. Det går emellertid att ändra i dialogrutan **Query Properties** så att resultatet sparas i vilken Nodes-mapp som helst.

Results-mappen är emellertid en ganska bra första lagringsplats för ett resultat. Vissa speciella egenskaper gäller så länge en nod ligger i denna mapp.

En sådan nod kan inte redigeras eftersom den är ett strikt resultat av den fråga som skapat den. Sökfrågan skall nämligen kunna granskas med kommandot **Open Linked Query**, som dock inte ger möjlighet att ändra frågan.

Det betyder att ett användbart kommando som t ex **Uncode At this Node** inte fungerar så länge noden ligger kvar i Results-mappen. Det går emellertid att modifiera kodningen för alla andra noder och det går att länka till andra objekt.

Man brukar säga att en första granskning kan ske i Results men sedan bör noden flyttas till Nodes eller undermapp, där den kan editers utan restriktioner.

En annan egenskap man bör känna till är att om man kör en Text Search Query som sparas i Results visas noden med Coding Context Narrow (5 ord) aktiv, men så snart noden flyttar över till Nodes eller undermapp återställs Coding Context och om man fortfarande behöver den kan den aktiveras på nytt, se sidan 165.

Redigera en sökfråga

En sökfråga kan alltid köras på nytt.

* **Gör så här**
  1 Klicka på [**Queries**] i område (**1**).
  2 Välj mappen **Queries** i område (**2**) eller undermapp.
  3 Markera den fråga i område (**3**) som du vill köra.
  4 Gå till **Explore | Queries | Run Query**
    eller högerklicka och välj **Run Query...**

Det går alltid i efterhand att redigera en sökfråga så att den bättre motsvarar dina krav. Ofta är det också praktiskt att kopiera en sökfråga som fungerar bra och göra vissa modifieringar.

* **Gör så här**
  1 Klicka på [**Queries**] i område (**1**).
  2 Välj mappen **Queries** i område (**2**) eller undermapp.
  3 Markera den fråga i område (**3**) du vill redigera.
  4 Gå till **Home | Item | Properties**
    eller kortkommando [**Ctrl**] + [**Shift**] + [**P**]
    eller högerklicka och välj **Query Properites...**

Någon av följande dialogrutor visas:

- **Text Search Query Properties**
- **Word Frequency Query Properties**
- **Coding Query Properties**
- **Matrix Coding Query Properties**
- **Compound Query Properties**
- **Coding Comparison Query Properties**

Dialogrutan **Coding Query Properties**, exempelvis, har samma
innehåll som dialogrutan **Coding Query**. Nu kan man genomföra de
ändringar som man önskar.

Knappen [**OK**] genomför ändringen utan att köra frågan på nytt.

Knappen [**Apply**] genomför ändringen utan att köra frågan på nytt
och dessutom blir dialogrutan kvar för eventuella ytterligare ändringar.

Knappen [**Run**] genomför ändringen och kör frågan på nytt. Om
inställningen under fliken **Query Options** är *Create Results as a New
Node* bildas ytterligare en nod under den mapp som angivits. Om
man väljer att låta resultatnoder först ligga under mappen Results
kan de flyttas senare till någon av mapparna under [**Nodes**].

Ta bort en fråga

♦ **Gör så här**

1 Klicka på [**Queries**] i område (**1**).
2 Välj mappen **Queries** i område (**2**) eller undermapp.
3 Markera den eller de frågor i område (**3**) som du vill ta bort.
4 Använd [**Del**]-tangenten
   eller gå till **Home | Editing** → **Delete**
   eller högerklicka och välj **Delete**.
5 Bekräfta med [**Yes**].

Operanderna

I dialogrutorna Coding Query, Matrix Coding Query och Subquery
Properties förkommer vissa operander på rullist och de är: AND, OR,
NEAR, PRECEDING och SURROUNDING. Med följande grafiska bilder
söker vi förklara hur dessa operander fungerar.

"A **AND** B" equals "B **AND** A"; "A **OR** B" equals "B **OR** A"

AND visar den gemensamma kodningen för A och B när de
förekommer i samma dokument.

OR visar den sammanlagda kodningen för A och B när de
förekommer i samma dokument.

Node A

Node B

Paragraph 1

≤X words

Line feed

Paragraph 2

>X words

Line feed

Paragraph 3

Overlapping

Within X words

Within same paragraph

Within same coding reference*)

*) search in nodes only

Within same scope item**)

**) equal to "A OR B":"B OR A"

"A **NEAR** B" equals "B **NEAR** A"

NEAR Overlapping visar den sammanlagda kodningen för A och B när noderna överlappar varandra.

NEAR Within X words visar den sammanlagda kodningen för A och B när de förekommer inom X ord från varandra.

NEAR Within same paragraph visar den sammanlagda kodningen för A och B när de förekommer inom samma stycke som avgränsas genom radbrytning.

NEAR Within same coding reference visar den sammanlagda kodningen för A och B när de förekommer inom samma annan nod.

NEAR Within same scope item visar den sammanlagda kodningen för A och B när de förekommer inom samma dokument.

Node A

Node B

Paragraph 1

≤X words

Line feed

Paragraph 2

>X words

Line feed

Paragraph 3

Overlapping

Within X words

Within same paragraph

Within same coding reference*)

*) search in nodes only

Within same scope item

"A PRECEDING B"

PRECEDING Overlapping visar den sammanlagda kodningen för A och B när noderna överlappar varandra så länge A kodas tidigare än eller vid samma startpunkt som B.

PRECEDING Within X words visar den sammanlagda kodningen för A och B när de förekommer inom X ord från varandra så länge A kodas tidigare än eller vid samma startpunkt som B.

PRECEDING Within same paragraph visar den sammanlagda kodningen för A och B när de förekommer inom samma stycke som avgränsas genom radbrytning så länge A kodas tidigare än eller vid samma startpunkt som B.

PRECEDING Within same coding reference visar den sammanlagda kodningen för A och B när de förekommer inom samma annan nod så länge A kodas tidigare än eller vid samma startpunkt som B.

PRECEDING Within same scope item visar den sammanlagda kodningen för A och B när de förekommer inom samma dokument så länge A kodas tidigare än eller vid samma startpunkt som B.

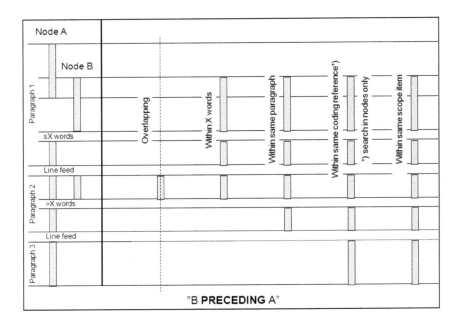

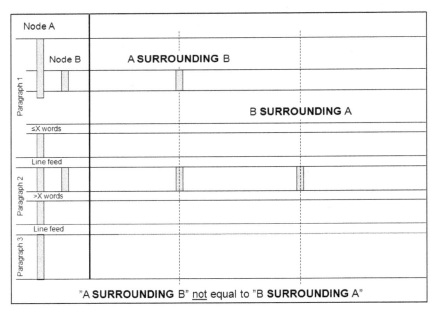

SURROUNDING visar den gemensamma kodningen för A och B när noderna överlappar varandra så länge A kodas tidigare än eller vid samma startpunkt som B och avslutas vid samma slutpunkt som eller senare än B.

18. OM MODELS

Models är ett sätt att grafiskt åskådliggöra ett projekt och dess komponenter. Models är avsedda att användas medan forskningen pågår eller när resultatet redovisas och utgör därför ett verktyg som beskriver dina framväxande idéer på ett överskådligt och pedagogiskt sätt. Vid arbete i grupp är models ett utmärkt sätt att presentera projektet och föra diskussioner i forskningsteamet.

Olika mallar för grafiska objekt för kommande nya projekt tas fram med **Application Options**, fliken **Model Styles**, sidan 32 och mallar för användning enbart i det aktiva projektet tas fram med **Project Properties**, fliken **Model Styles**, sidan 44.

Skapa ny modell

◆ **Gör så här**

    1   Gå till **Explore | Models | New Model**.
            Standard lagringsplats är mappen **Models**.
            Gå till punkt 5.

alternativt

    1   Klicka på [**Models**] i område (**1**).
    2   Välj mappen **Models** i område (**2**) eller undermapp.
    3   Gå till **Explore | Models | New Model**.
            Gå till punkt 5.

alternativt

    3   Peka på tom plats i område (**3**).
    4   Högerklicka och välj **New Model...**.

Dialogrutan **New Model** visas:

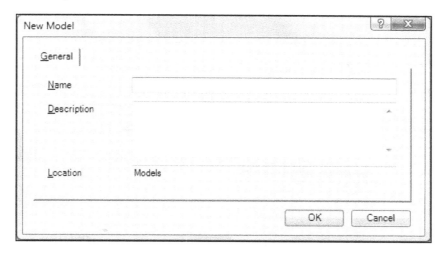

    5   Skriv namn (obligatoriskt) och eventuellt beskrivning, därefter [**OK**].

Nu bildas ett nytt fönster och det är lämpligt att frikoppla detta
med **View | Window | Docked** för att få bättre utrymme på skärmen:

Lägg märke till att en ny grupp, **Model**, har tillkommit bland
menyflikarna.

6 Gå till **Models | Items | Add Project Items**
   eller högerklicka och välj Add Project Items...
Dialogrutan **Select Project Items** visas:

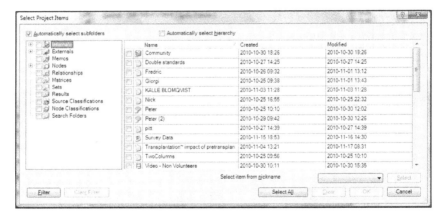

7 Vi klickar på mappen **Nodes** och väljer sedan noden *foreign
   countries*, därefter **[OK]**.

Dialogrutan **Add Associated Data** visas. Det exakta utseendet på denna dialogruta beror på den typ av objekt valde i förra dalogrutan:

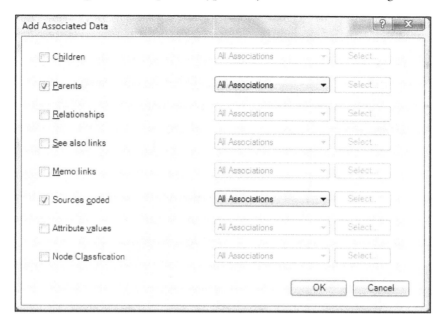

8   Vi väljer *Parents* och *Sources Coded*, därefter [**OK**].

Utseendet på **Add Associated Data** varierar beroende på vilken slags objekt man valt. Om vi väljer ett källobjekt ser dialogrutan ut så här:

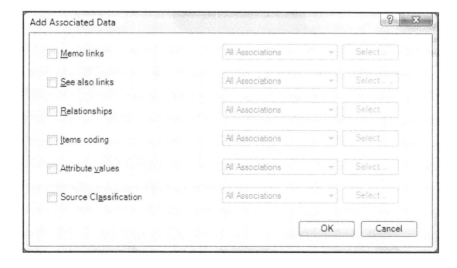

Resultatet kan se ut så här. Nu finns flera möjligheter att redigera bilden så att den blir tydlig och lättläst.

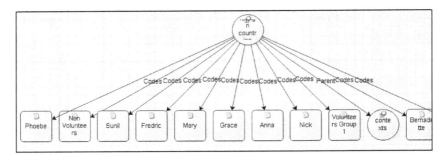

9   Gå till **Model | Display | Layout**
    eller högerklicka och välj **Layout...**
Dialogrutan **Model Layout** visas:

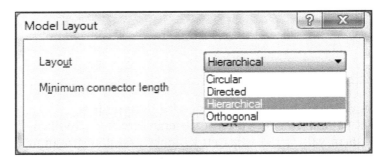

10 Välj något av Layout-alternativen på rullisten och bekräfta
    med [**OK**].

Skapa en statisk modell

En statisk modell är en modell som till skillnad från en dynamisk modell inte längre är beroende av de länkade objekten. En statisk modell kan inte heller redigeras.

♦   **Gör så här**
    1   Ta fram en dynamisk modell.
    2   Gå till **Create | Items | Create As → Create As Static
        Model...**
        eller högerklicka och välj **Create As → Create As Static
        Model...**
Dialogrutan **New Model** visas.
    3   Skriv namn (obligatoriskt) och eventuellt beskrivning,
        därefter [**OK**].

Skapa grupper i modellen

♦ **Gör så här**

1 Ta fram en dynamisk modell.

Se till att Custom Groups-fönstret till höger visas. Dölja och visa sker med **Model | Display | Model Groups**. Klicka på fliken *Custom Groups* i detta fönster.

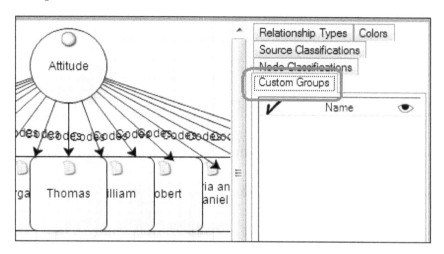

1 Gå till **Models | Groups | Group → New Group...**
Klicka i rutan Custom Groups och gå till **Model → Group → New Group...**
eller peka på Custom Groups-fönstret, högerklicka och välj **New Group...**
Dialogrutan **Model Group Properties** visas:

3 Skriv namn (obligatoriskt) och eventuellt beskrivning, därefter [**OK**].

4 Markera de grafiska objekt som skall tillhöra den nya gruppen. Använd [Ctrl] för att markera flera objekt.

5 Markera i kolumnen under ✓ i raden för den nya gruppen.

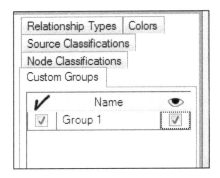

För att visa/dölja en viss grupp klickar man i kolumnen för ögat och i raden för gruppen.

Lägga till flera grafiska objekt

♦ **Gör så här**

1 Gå till **Model | Shapes → <välj>** och välj symbol från listan eller placera muspekaren ungefär där du vill att den skall vara, högerklicka och välj **New Shape** och välj symbol från listan.

2 Markera det nya objektet.

3 Gå till **Home | Item | Properties** eller högerklicka och välj **Shape/Connector Properties**.

Dialogrutan **Shape Properties** visas:

4 Vid **Name** skrivs den text som skall visas i symbolen, därefter [**OK**].

Observera att grafiska objekt som infogats på detta sätt saknar den lilla symbolen som betyder en referens till ett av projektets objekt (dokument, nod etc.). När ett sådant objekt tas bort bildas ett rött kryss över denna symbol.

Grafiskt objekt från infogat projektobjekt

Grafiskt objekt från infogat men senare borttaget projektobjekt

Grafiskt objekt från infogad symbol

Skapa förbindelser mellan grafiska objekt

♦ **Gör så här**
1 Markera två grafiska objekt.
2 Gå till **Model | Connectors | <välj>**
Välj något av följande alternativ:

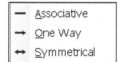

Ta bort grafiska objekt

♦ **Gör så här**
1 Markera en eller flera grafiska objekt.
2 Använd **[Del]**-tangenten
eller gå till **Home | Editing → Delete**
eller högerklicka och välj **Delete**.

Konvertera grafiska objekt

Grafiska objekt kan konverteras till länkade grafiska objekt.

♦ **Gör så här**
1 Markera ett grafiskt objekt.
2 Gå till **Model | Items | Convert To → Convert To Existing Project Item**
eller högerklicka och välj **Convert To → Convert To Existing Project Item**.
3 Då öppnas dialogrutan **Select Project Item** och man kan välja bland existerande objekt. De som redan använts är gråade.
4 Bekräfta med **[OK]**.

Länkade grafiska objekt kan konverteras till grafiska objekt.

♦ **Gör så här**
1 Markera ett eller flera länkade grafiska objekt.
2 Gå till **Model | Items | Convert To → Convert To Shape/Connector**
eller högerklicka och välj **Convert To → Convert To Shape/Connector**.

Objektet behåller sitt utseende och endast länkningen tas bort.

Redigera ett grafiskt objekt

Ändra associationer

När ett grafiskt objekt har infogats, är det möjligt att ändra dess associationer till andra objekt vid senare tillfälle.

♦ **Gör så här**
1 Markera ett eller flera grafiska objekt.
2 Gå till **Model | Items | Add Associated Data**
eller högerklicka och välj **Add Associated Data...**

Dialogrutan (utökad) **Add Associated Data** visas. Utseendet på denna dialogruta beror på den typ av objekt du vill ändra:

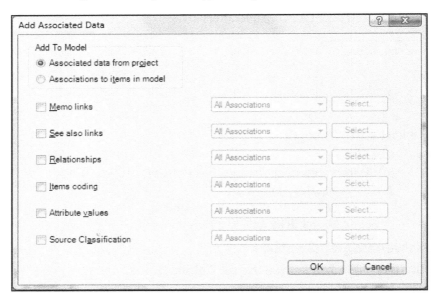

Associated data from project betyder att data och objekt från hela projektet berörs.

Associations to items in model betyder att data och objekt från aktuell Model berörs.

3 När tillämpliga alternativ valts, klicka på **[OK]**.

Ändra textformat

◆ **Gör så här**

1 Markera ett eller flera grafiska objekt.
2 Gå till **Home | Format** → <välj>.
3 Välj teckensnitt, storlek och färg.

Ändra grafiskt format

Tillgängliga formatmallar finns vid **Project Properties,** fliken **Model Styles**, se sidan 44.

◆ **Gör så här**

1 Markera ett eller flera grafiska objekt.
2 Gå till **Home | Styles** → <välj>.
3 Välj grafisk formatmall och bekräfta med [**OK**].

Ändra fyllningsfärg

◆ **Gör så här**

1 Markera ett eller flera grafiska objekt.
2 Gå till **Home | Format | Fill**.

Dialogrutan **Fill** visas:

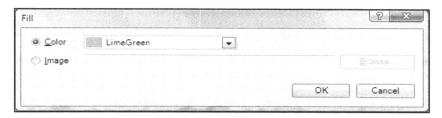

3 Välj fyllningsfärg från rullisten vid alternativet *Color* eller sök fram en lagrad bild vid alternativet *Image*.
4 Bekräfta med [**OK**].

Ändra linjefärg och format

◆ **Gör så här**

1 Markera ett eller flera grafiska objekt.
2 Gå till **Home | Format | Line**.

Dialogrutan **Line** visas:

3 Välj linjeformat, tjocklek och färg.
4 Bekräfta med [**OK**].

Ta bort en Model

♦ **Gör så här**

1 Klicka på [**Models**] i område (**1**).
2 Välj mappen **Models** i område (**2**) eller undermapp.
3 Markera det eller de objekt i område (**3**) som du vill ta bort.
4 Gå till **Home | Editing | Delete**
eller använd [**Del**]-tangenten
eller högerklicka och välj **Delete**.
5 Bekräfta med [**Yes**].

19. ÖVRIGA VISUELLA HJÄLPMEDEL

De visuella hjälpmedel som NVivo ställer till vårt förfogande är:

- Models
- Charts
- Word Maps
- Cluster Analysis
- Tree Maps
- Graphs

Models behandlas i kapitel 18, Om Models.

Charts behandlas i kapitel 13, Kodning, avsnitt Charts.

Word Maps behandlas i kapitel 15, Att ställa sökfrågor, avsnitt Textsökning.

Cluster Analysis

Cluster Analysis är ett sätt att grafiskt visa hur närbesläktade källobjekt är baserade på alternativa värderingar:

♦ **Gör så här**

   1   Gå till **Explore | Visualizations | Cluster Analysis**.

   Guiden **Cluster Analysis Wizard – Step 1** visas:

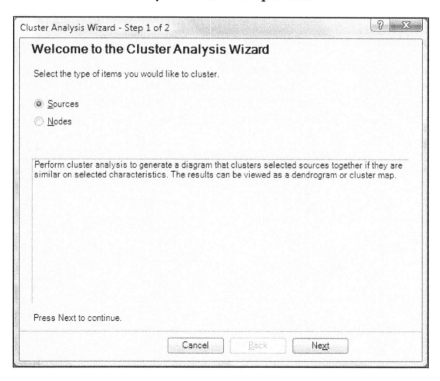

239

2   Vi skall analysera vissa källor, intervjuer. Acceptera
alternativet *Sources* och klicka på [**Next**].
   Guiden **Cluster Analysis Wizard – Step 2** visas:

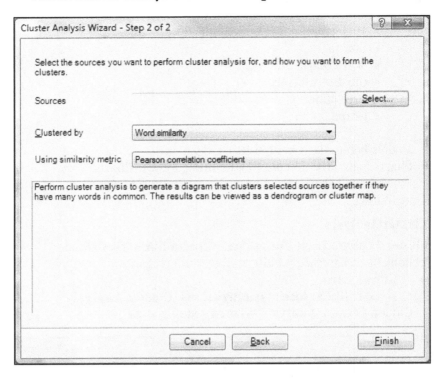

   Vid rullisten **Clustered by** finns följande alternativ: *Word
similarity, Coding similarity och Attribute value similarity.*

   Vid rullisten **Using similarity metric** finns följande alternativ:
*Jaccard's coefficient, Pearson correlation coefficient och Sørensen
coefficient.*

3   Med [**Select**] får vi tillgång till dialogrutan **Select Project
Items** och vi väljer alla intervjuer.

4   Klicka på [**Finish**].

Menyfliken **Cluster Analysis** dyker nu upp och första bilden är
ett sk dendrogram:

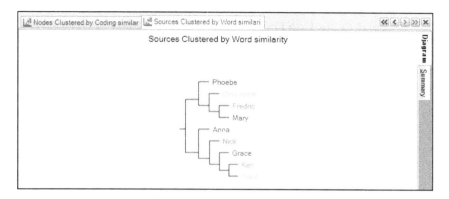

Genom att gå till **Cluster Analysis | Type | 2D Cluster** Map fås
följande diagram:

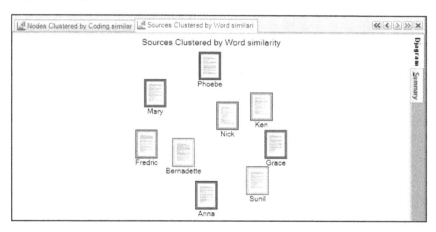

Tree Maps

Tree Maps är ett sätt att grafiskt visa hur källobjekt eller noder är
förhåller sig till vald information:

♦ **Gör så här**

1   Gå till **Explore | Visualizations | Tree Maps**.

Guiden **Tree Map Wizard – Step 1** visas:

Vi vill analysera våra intervjuer.

2   Klicka på [**Next**].

Guiden **Tree Map Wizard – Step 2** visas:

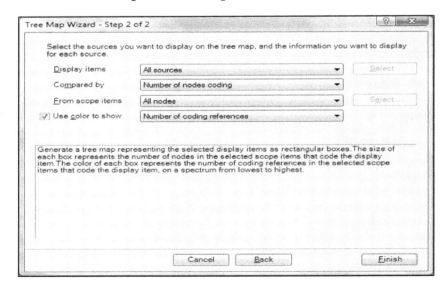

3   Avsluta med [**Finish**].

Menyfliken **Tree Map** dyker nu upp och resultatet kan se ut så här:

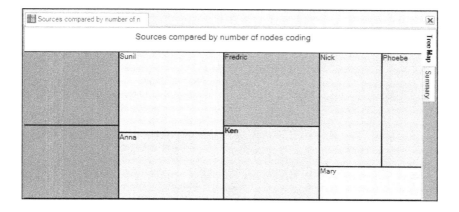

Graphs

Graphs är ett enkelt och snabbt sätt att visa hur ett visst källobjekt eller nod är förhåller sig till andra objekt:

♦   **Gör så här**

1   Markera det enstaka objekt i område **(3)** du vill analysera.
2   Gå till **Explore | Visualizations | Graph**.

Menyfliken **Graph** dyker nu upp och bilden visas direkt i område **(4)**:

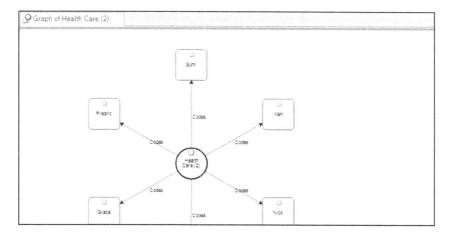

Denna bild har samma design som Models beskrivna i kapitel 18. Bilden kan också sparas som en "äkta" model genom att gå till **Graph | Create | Create Model from Graph**.

20. REPORTS OCH EXTRACTS

Rapporter

NVivo har möjlighet att framställa rapporter för enskilda objekt eller för hela projektet. Det finns en uppsättning fördefinierade rapporter som nås med knappen [**Reports**] i område (**1**) och mappen **Reports** i område (**2**):

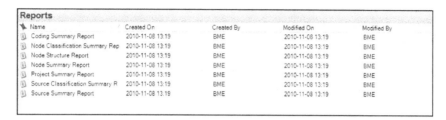

Dessa rapporter kan köras när som helst under projektets gång genom att dubbelklicka på en rad eller markera en rad och gå till **Explore | Reports | Run Report** eller markera, högerklicka och välj **Run Report**.

Resultatet kan se ut så här:

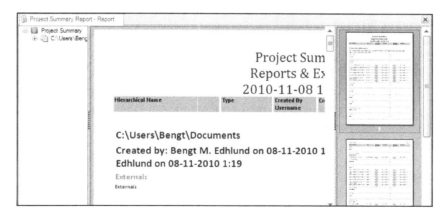

Från den rapport som just körts kan man exportera resultatet som .DOC, .DOCX, .RTF, .TXT, Excel, och .PDF.

Man kan också skapa sina egna rapporter med hjälp av en guide, **Report Wizard**.

♦ **Gör så här**

1   Du kan befinna dig i vilket arbetsläge som helst i projektet.
2   Gå till **Explore | Reports | New Report**.
3   Följ instruktionerna steg för steg i guiden. Resultatet blir en egen rapportmall med eget namn som läggs i mappen **Reports**.

Extracts

NVivo har möjlighet att göra utdrag ur enskilda objekt eller för hela projektet. Det finns en uppsättning fördefinierade extracts som nås med knappen [**Reports**] i område **(1)** och mappen **Extracts** i område **(2)**:

Extracts				
Name	Created On	Created By	Modified On	Modified By
Coding Summary Extract	2010-11-08 13:19	BME	2010-11-08 13:19	BME
Node Classification Summary Extra	2010-11-08 13:19	BME	2010-11-08 13:19	BME
Node Structure Extract	2010-11-08 13:19	BME	2010-11-08 13:19	BME
Node Summary Extract	2010-11-08 13:19	BME	2010-11-08 13:19	BME
Project Summary Extract	2010-11-08 13:19	BME	2010-11-08 13:19	BME
Source Classification Summary Ext	2010-11-08 13:19	BME	2010-11-08 13:19	BME
Source Summary Extract	2010-11-08 13:19	BME	2010-11-08 13:19	BME

Dessa extracts kan köras när som helst under projektets gång genom att dubbelklicka på en rad eller markera en rad och gå till **Explore | Reports | Run Extract** eller markera, högerklicka och välj **Run Extract**.

Resultatet blir en fil i txt- eller Excel-format som innehåller namn och uppgifter på de objekt som skapats av Extract-mallen, dock inte data.

Man kan också skapa sina egna Extract med hjälp av en guide, **Extract Wizard**.

◆ **Gör så här**

1 Du kan befinna dig i vilket arbetsläge som helst i projektet.

2 Gå till **Explore | Reports | New Extract**.

3 Följ instruktionerna steg för steg i guiden. Resultatet blir en egen Extract-mall med eget namn som läggs i mappen **Extracts**.

Exportera objekt

Alla objekt (utom mappar) i ett projekt kan exporteras i olika format.

♦ **Gör så här**

1 Markera det eller de objekt du vill exportera, t ex två noder.

2 Gå till **External Data| Export | Export → Export Node...**
eller kortkommando **[Ctrl] + [Shift] + [E]**
eller högerklicka och välj **Export → Export Node...**

Dialogrutan **Export Options** visas:

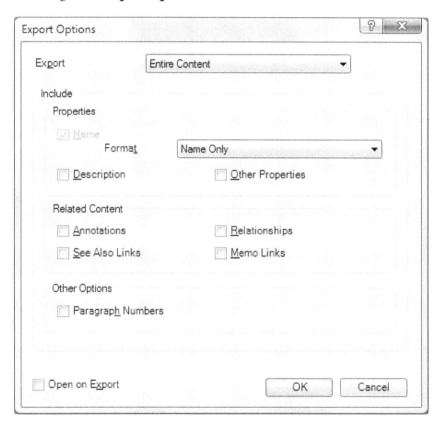

3 Välj de alternativ du önskar att exportfilen skall omfatta och välj den filtyp och lagringsplats du vill att exportfilen skall ha. Därefter **[OK]**.

21. HJÄLPFUNKTIONER I NVIVO

Det finns en hel del hjälp och stöd i NVivo. Det går att välja mellan Online Help och Offline Help. Ändringar görs i dialogrutan **Project properties:**

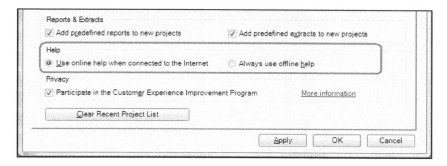

Hjälpdokument

♦ **Gör så här**
   1 Gå till **File → Help → NVivo Help**
     eller kortkommando **[F1]**
     eller använd **[?]**-symbolen längs upp till höger på skärmen..

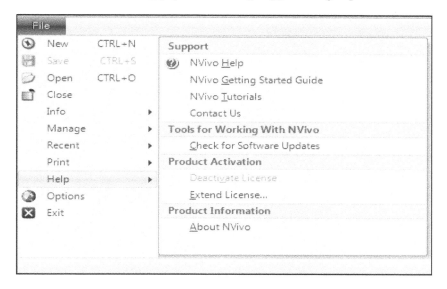

Startbilden för **Oneline Help** ser ut så här:

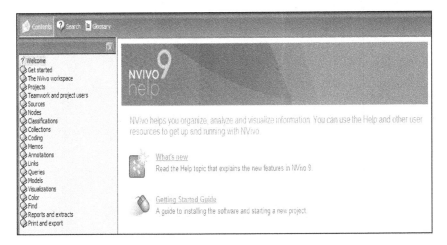

Handledning

NVivo innehåller handledning i form av enkla animeringar.

- **Gör så här**
  1 Gå till **File → Help → NVivo Tutorials**.

Här finns möjlighet att nå QSRs tuturials on line. För att de skall kunna spelas upp måste man installera Adobes Flash Player i sin dator.

Programversion och Service Packs

Man bör alltid vara väl medveten om vilken programversion och vilken Service Pack man använder. En Service Pack är ett gratis tilläggsprogram som förutom vissa felrättningar kan innehålla nya eller förbättrade funktioner. Förutsatt att man är internetansluten och har aktiverat *Check for Update every 7 Days* enligt sidan 27 får man ett meddelande på skärmen när en nyare Service Pack finns att hämta. Det är alltid en god regel att ständigt använda senast tillgängliga Service Pack.

◆ **Gör så här**

   1   Gå till **File → Help → About NVivo**.

Bilden visar versionsbeteckning och installerad Service Pack:

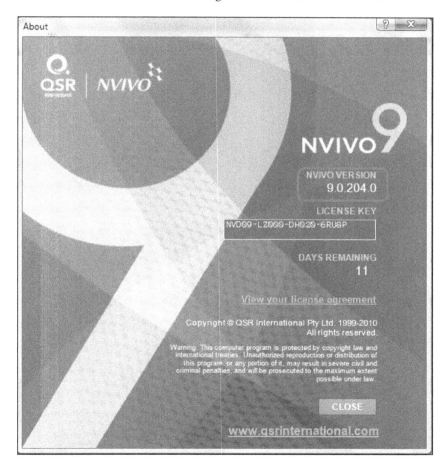

22. ORDLISTA

Här följer en lista på de viktigaste ord, begrepp och termer som
används i denna bok. Vi utgår från de engelska begreppen och i vissa
fall ger vi förslag på svensk terminologi.

Advanced Find	Sökning på namn på källor, memos eller noder. Använd **Find Bar** - **Advanced Find**.
Annotation (sv. fotnot)	En notering länkat ett textelement i ett dokument. Påminner för övrigt om en vanlig fotnot.
Attribute (sv. attribut)	En variabel som används i samband med källobjekt och noder. Exempel: ålder, kön, utbildning.
Autocoding (sv. autkodning)	Ett smidigt sätt att samtidigt skapa noder och koda baserat på styckeformatmallar.
Boolean Operator (sv. Boolesk' operand)	De klassiska operanderna AND, OR eller NOT för att skapa logiska söksträngar, som konstrueras enligt den Booleska algebran.
Case	Begreppet användes i NVivo 8.
Casebook	Begreppet användes i NVivo 8.
Classification (sv. klass)	Ett samlingsnamn för een viss uppsättning attribut för källobjekt och noder.
Cluster Analysis	Cluster analysis or clustering is the assignment of a set of observations into subsets (called *clusters*) so that observations in the same cluster are similar in some sense. Clustering is a method of unsupervised learning, and a common technique for statistical data analysis used in many fields, including machine learning, data mining, pattern recognition, image analysis, information retrieval, and bioinformatics.
Coding (sv. kodning)	Arbetet med att associera ett element i ett källdokument till en viss nod.
Coding Queries (sv. kodningsfrågor)	Ett sätt att ställa frågor med hjälp av kombinationer av noder.
Compound Queries	Ett sätt att ställa frågor som en kombination av flera frågetyper.
Coverage (sv. spridning)	Den andel (i tecken, tid eller yta) av ett källdokument som är kodad till en viss nod.

Dendrogram	The dendrogram is a tree-like plot where each step of hierarchical clustering is represented as a fusion of two branches of the tree into a single one. The branches represent clusters obtained on each step of hierarchical clustering.
Discourse Analysis (diskursanalys)	En diskurs är ett samlingsnamn för de infallsvinklar, sätt att resonera, frågeställningar och så vidare, som tillämpas inom ett visst område. Diskursanalysen studerar hur ett textmaterial kan struktureras och hur dess element kan ha inbördes relationer.
Dokument	Till NVivo importerade textbaserade källdokument.
Ethnography (sv. etnografi)	Etnografi är forskning som undersöker egenskaper och värderingar hos olika kulturella grupper.
Filter	En funktion som på något sätt begränsar ett urval av värden eller objekt för att underlätta bearbetning av stora datamängder.
Find Bar	Ett verktygsfält som finns strax ovanför List View.
Focus Group (sv. fokusgrupp)	En utvald, begränsad grupp som anses vara representativ för en större population.
Mapp (eng. folder)	En mapp som skapas av NVivo är en virtuell mapp men fungerar i stort som en mapp i Windows.
Grounded Theory	Vedertagen kvalitativ metod där teorier växer fram ur data snarare än att en given hypotes skall beläggas eller förkastas.
Grouped Find	En funktion för att finna objekt som har vissa relationer till varandra.
Hyperlink (sv. länk)	En länk som leder till objekt utanför NVivo-projektet. Kan leda till enskild fil eller webbsajt.
In Vivo kodning	In Vivo kodning innebär att man skapar en ny fri nod genom att markera text och använda In Vivo kommandot. Noden får samma namn (upp till 256 tecken) som den markade texten men namnet kan ändras senare.

Items (sv. objekt)	Alla objekt som utgör ett projekt. De är mappar, källor, noder, klassifikationer, frågor, resultat, models.
Jaccard's Coefficient	The **Jaccard index**, also known as the **Jaccard similarity coefficient** (originally coined *coefficient de communauté* by Paul Jaccard), is a statistic used for comparing the similarity and diversity of sample sets
Kappa Coefficient	**Cohen's kappa coefficient, K,** är ett statistiskt mått på överensstämmelsen mellan två uppskattningar. Detta mått anses vara ett tryggare mått än enbart en procentuell jämförelsekalkyl eftersom **K** tar hänsyn till slumpens inflytande. Cohen's kappa mäter överensstämmelsen mellan två uppskattningar som vardera klassar *F* objekt i *C* ömsesidigt uteslutande kategorier. Om uppskattningarna överensstämmer fullständigt gäller **K** = 1. Om ingen överensstämmelse finnes (annat än slumpens inverkan) gäller **K** ≤ 0.
Matrix Coding Query	Ett sätt att ställa frågor i tabellform där rader och kolumner definieras som givna objekt och innehållet i varje cell är resultatet av raden och kolmnen kombinerat med viss operand.
Memo Link (sv. länk till memo)	Endast en länk kan finnas från ett objekt till ett Memo
Memo (sv. memo)	Ett objekt som är knutet till ett dokument eller en nod
Mixed Methods	En kombination av kvantitativa och kvalitativa studier.
Model	Grafisk represenation av objekt och deras inbördes relationer.
Node (sv. nod)	Nämns ofta som "container". Utvalda begrepp såsom teman, ämnesområden. En nod innehåller pekare till hela eller delar av dokument. Noder kan ordnas i trädstruktur.
Pearson Correlation Coefficient	A type of correlation coefficient that represents the relationship between two variables that are measured on the same interval or ratio scale.

Phenomenology (sv. fenomenologi)	En metod som utgör en beskrivande, eftertänksam, och nyskapande undersökningsmodell ur vilken man kan verifiera sina hypoteser.
Project (sv. projekt)	Ett projekt är ett samlingsnamn för alla data och sammanhängande arbeten som NVivo används till.
Qualitative Research (sv. kvalitativ forskning)	Forskning vars data har sitt ursprung i observationer, intervjuer eller dialog och som fokuserar på deltagarnas åsikter, upplevelser, värderingar och tolkningar.
Quantitative Research (sv. kvantitativ forskning)	Forskning som uppmärksamt studerar fakta och förekomst, insamlar av data genom mätningar och som drar slutsatser med hjälp av beräkningar och statistik.
Ranking (sv. rankning)	Ordnandet av sökresultat enligt fallande eller stigande relevans.
Relationship (sv. relationsnod)	En nod som definierar ett samband mellan två objekt. Relationsnoden definerar alltid en viss relationstyp.
Relationship Type (sv. relationstyp)	Begrepp (ofta ett beskrivande verb) som definierar en relation eller ett beroende mellan två objekt.
Relevance (sv. relevans)	Relevans i ett sökresultat ett mått på framgång eller matching för det ämnesområde du valt genom ämnesord och andra kriterier i din sökning. Relevans kan beräknas genom antal träff i valda avsnitt av resultatet.
Research Design	En plan för att samla in och bearbeta data så att önskad information erhålls med tillräckligt bra tillförlitlighet så att en given hypotes kan prövas på ett korrekt sätt.
Result (sv. resultat)	Resultatet är svaret på en fråga. Kan visas som Preview eller sparas som nod.
Saving Queries (sv. spara frågor)	Möjlighet att spara sökningar för att enkelt kunna återanvända eller modifiera dem.
See Also Link (sv. internlänk)	En länk som går mellan två objekt, från ett visst område i ett objekt till ett visst område i ett annat objekt eller till hela objektet.
Service Pack	Tilläggsprogram till viss produktversion som kan innebära rättningar av programfel, förbättrad prestanda, förbättade eller nya funktioner.

Set (sv. kollektion)	En delmängd eller "kollektion" av utvalda objekt. Sparas och kan visas i form av genvägar till objekten.
Sørensen Coefficient	The **Sørensen index**, also known as **Sørensen's similarity coefficient**, is a statistic used for comparing the similarity of two samples. It was developed by the botanist Thorvald Sørensen and published in 1948.
Stop Words	Stop words are less significant words like conjunctions or prepositions, that may not be meaningful to your analysis. Stop words are exempted from Text Search Queries or Word Frequency Queries.
Uncoding	Arbetet med att ta bort en given kodning av ett dokument till en viss nod.
Validity (eng. validitet)	The validity of causal inferences within scientific studies, usually based on experiments.
Value (sv. värde)	Värden som ett visst attribut kan anta. Påminner om "Controlled Vocabulary". Exempel: man, kvinna

Skärmbilden i NVivo

1. Navigeringsknapparna
2. Virtuella utforskaren
3. Listan
4. Detaljerna – Öppnde objekt

NVivos skärmbild påminner om Microsofts Outlook. Man börjar med navigeringsknapparna (1) och väljer en grupp av virtuella mappar (2). Med mapparna väljer man objektgrupp (3). Objekten öppnas genom att klicka på dem och det öppnade objektet visas i (4). Detta fönster kan också frikopplas.

För att arbeta vidare kan man högerklicka (lägesberoende) eller använda menyflikar eller kortkommandon.

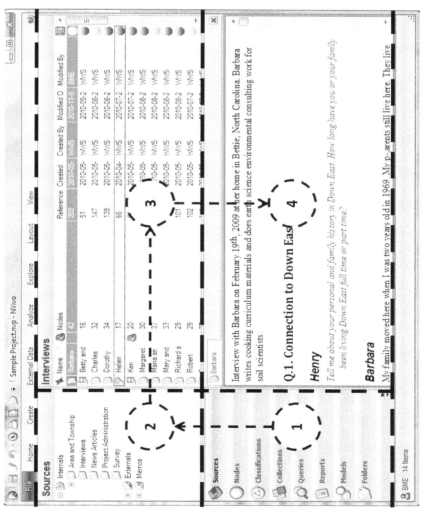

BILAGA B - SYMBOLER FÖR MAPPAR OCH OBJEKT

Nedan följer en lista med symboler som används i NVivo 9, dels mappar som återfinns i område **(2)** dels objekt i område **(3)** och listor i område **(4)**.

		Internals' Folder
		Document
		Video
		Audio
		Picture
		Dataset
		Memo Link

		Externals' Folder
		External
		Memo Link

		Memos' Folder
		Memo
		Memo Link

		Nodes' Folder
		Nodes

		Relationships' Folder
		Between any two items

		Matrices' Folder
		Matrices

	Queries' Folder
	Coding Query
	Text Query
	Coding Comparison Query
	Compound Query
	Matrix Coding Query
	Word Frequency Query
	Group Query

	Results' Folder
	Result Node
	Result Matrix

	Models' Folder
	Static Model
	Dynamic Model

	Relationship Types' Folder
	Relationship Type

	Source Classifications' Folder
	Source Classification
	Attribute

	Node Classifications' Folder
	Node Classification
	Attribute

BILAGA C – KORTKOMMANDON

Här följer några av de mest användbara kortkommandona. Många följer generella Windows-regler andra är specifika för varje program. Kortkommandon minskar risken för *musarm*!

Windows	Word	NVivo 9	Kortkommando	Beskrivning
✓	✓	✓	[Ctrl] + [C]	Copy
✓	✓	✓	[Ctrl] + [X]	Cut
✓	✓	✓	[Ctrl] + [V]	Paste
✓	✓	✓	[Ctrl] + [A]	Select All
✓	✓	✓	[Ctrl] + [O]	Open Project
	✓[6]	✓	[Ctrl] + [B]	Bold
	✓[6]	✓	[Ctrl] + [I]	Italic
	✓[6]	✓	[Ctrl] + [U]	Underline
	✓[6]		[Ctrl] + [K]	Insert Hyperlink
		✓	[Ctrl] + [E]	Switch between Edit mode and Read Only
		✓	[Ctrl]+[Shift]+[K]	Link to New Memo
		✓	[Ctrl]+[Shift]+[M]	Open Linked Memo
		✓	[Ctrl]+[Shift]+[N]	New Folder/Item
		✓	[Ctrl]+[Shift]+[P]	Folder/Item Properties
		✓	[Ctrl]+[Shift]+[O]	Open Item
		✓	[Ctrl]+[Shift]+[I]	Import Item
		✓	[Ctrl]+[Shift]+[E]	Export Item
		✓	[Ctrl]+[Shift]+[F]	Advanced Find
		✓	[Ctrl]+[Shift]+[G]	Grouped Find
		✓	[Ctrl]+[Shift]+[U]	Move Up
		✓	[Ctrl]+[Shift]+[D]	Move Down
		✓	[Ctrl]+[Shift]+[L]	Move Left
		✓	[Ctrl]+[Shift]+[R]	Move Right
		✓	[Ctrl]+[Shift]+[T]	Insert Time/Date

---

[6] Gäller engelsk version av Word.

Windows	Word	NVivo 9	Kortkommando	Beskrivning
	✓	✓	[Ctrl] + [G]	Go To
✓	✓	✓	[Ctrl] + [N]	New Project
✓	✓	✓	[Ctrl] + [P]	Print
✓	✓	✓	[Ctrl] + [S]	Save
		✓	[Ctrl] + [M]	Merge Into Selected Node
		✓	[Ctrl] + [1]	Go Sources
		✓	[Ctrl] + [2]	Go Nodes
		✓	[Ctrl] + [3]	Go Classifications
		✓	[Ctrl] + [4]	Go Collections
		✓	[Ctrl] + [5]	Go Queries
		✓	[Ctrl] + [6]	Go Reports
		✓	[Ctrl] + [7]	Go Models
		✓	[Ctrl] + [8]	Go Folders
✓	✓		[Ctrl] + [W]	Close Window
✓	✓		[Ctrl]+[Shift]+[W]	Close all Windows of same Type
	✓	✓	[F1]	Open Online Help
		✓	[F5]	Refresh
	✓		[F7]	Spell Check
		✓	[F7]	Play/Pause
		✓	[F8]	Stop
		✓	[F9]	Skip Back
		✓	[F10]	Skip Forward
		✓	[F11]	Start Selection
		✓	[F12]	Finish Selection
	✓	✓	[Ctrl] + [Z]	Undo
	✓		[Ctrl] + [Y]	Redo
	✓	✓	[Ctrl] + [F]	Find
	✓	✓	[Ctrl] + [H]	Replace (Detail View)
		✓	[Ctrl] + [H]	Handtool (Print Preview)
		✓	[Ctrl] + [Q]	Go to Quick Coding Bar

Windows	Word	NVivo 9	Kortkommando	Beskrivning
		✓	[Ctrl]+[Shift]+[F2]	Uncode Selection at Existing Nodes
		✓	[Ctrl]+[Shift]+[F3]	Uncode Selection at This Node
		✓	[Ctrl]+[Shift]+[F5]	Uncode Sources at Existing Nodes
		✓	[Ctrl]+[Shift]+[F9]	Uncode Selection at Nodes visible in Quick Coding Bar
		✓	[Ctrl] + [F2]	Code Selection at Existing Node
		✓	[Ctrl] + [F3]	Code Selection at New Node
✓		✓	[Ctrl] + [F4]	Close Current Window
		✓	[Ctrl] + [F5]	Code Sources at Existing Node
		✓	[Ctrl] + [F6]	Code Sources at New Node
		✓	[Ctrl] + [F8]	Code In Vivo
		✓	[Ctrl] + [F9]	Code Selection at Nodes visible in Quick Coding Bar
		✓	[Alt] + [F1]	Hide/Show Navigation View
		✓	[Ctrl] + [Ins]	Insert Row
		✓	[Ctrl] + [Del]	Delete Selected Items in a Model
		✓	[Ctrl]+[Shift]+[T]	Insert Date/Time
		✓	[Ctrl]+[Shift]+[Y]	Insert Symbol
	✓		[Ctrl]+[Alt]+[F]	Insert Footnote
	✓	✓	[Ctrl] + [Enter]	Insert Page break
		✓	[Ctrl] + [Enter]	Carriage Return in certain text boxes

BILAGA D – GRAFISKA REGLER FÖR ÖKAD LÄSBARHET

I denna bok har vi använt några enkla grafiska regler för att göra materialet mera lättläst och förståeligt.

Exempel	Kommentar
Gå till **Model | Shapes | Change Shape**	Menyflik **Model** och menygrupp **Shapes** och menyalternativ **Change Shape**
Gå till **File → Options**	Huvudmeny och alternativ med **Fetstil**
Högerklicka och välj **New Query → Compound...**	Högerklicka med musen och välj meny och undermeny med **Fetstil**
Välj fliken **Layout**	Alternativa flikar med **Fetstil**
Välj *Advanced Find* från rullisten **Options**	Variabel med **Fetstil**, värdet med *Kursiv;* Rubrik med **Fetstil**, alternativ med *Kursiv*
Bekräfta med [**OK**]	Grafiska knappar med klammer
Använd [**Del**]-tangenten för att ta bort	Tangent anges med klammer
Skriv `Bibliography` i textrutan	`Courier` för text som skrivs
..`[1-3]` visas i textrutan	`Courier` för text som visas
.. kortkommando [**Ctrl**] + [**Shift**] + [**N**]	Håll nere första och ev. andra tangenten medan den sista anslås

INDEX

www.ingramcontent.com/pod-product-compliance
Lightning Source LLC
Chambersburg PA
CBHW080359060326
40689CB00019B/4063